PROJETO
RENDA EXTRA

CHRIS GUILLEBEAU

PROJETO
RENDA EXTRA

Como montar um negócio – da ideia à receita –
em 27 dias (sem largar o emprego)

Benvirá

Copyright da edição brasileira © 2022 de Chris Guillebeau | Text Copyright © 2018 by Chris Guillebeau
Traduzido de *Side Hustle*, de Chris Guillebeau.
Tradução autorizada da edição original em inglês publicada nos Estados Unidos pela Currency, um selo da Random House, do grupo Penguin Random House LLC.
This translation published by arrangement with Currency, an imprint of Random House, a division of Penguin Random House LLC.

Direção executiva Flávia Alves Bravin
Direção editorial Ana Paula Santos Matos
Gerência editorial e de projetos Fernando Penteado
Edição Clarissa Oliveira
Produção Rosana Peroni Fazolari

Tradução Cristina Parga
Revisão Queni Winters
Diagramação LGB Publicações
Adaptação de capa Deborah Mattos
Imagens de capa dpa picture alliance / Alamy / Fotoarena
iStock / Getty Images Plus / IvancoVlad
Impressão e acabamento Gráfica Paym

Dados Internacionais de Catalogação na Publicação (CIP) de acordo com ISBD

Odilio Hilario Moreira Junior - CRB-8/9949

G958p	Guillebeau, Chris
	Projeto renda extra: como montar um negócio – da ideia à receita – em 27 dias (sem largar o emprego) / Chris Guillebeau ; traduzido por Cristina Parga. - São Paulo : Benvirá, 2022.
	280 p.
	Tradução de: *Side Hustle*
	ISBN 978-65-5810-034-8
	1. Autoajuda. 2. Empreendedorismo. 3. Finanças Pessoais. 4. Realização. 5. Riqueza. 6. Independência financeira. I. Parga, Cristina. II. Título.
	CDD 158.1
2022-1538	CDU 159.947

Índices para catálogo sistemático:
1. Autoajuda 158.1
2. Autoajuda 159.947

1ª edição, 2022

Nenhuma parte desta publicação poderá ser reproduzida por qualquer meio ou forma sem a prévia autorização da Saraiva Educação. A violação dos direitos autorais é crime estabelecido na Lei n. 9.610/98 e punido pelo art. 184 do Código Penal.

Todos os direitos reservados à Benvirá, um selo da Saraiva Educação.
Av. Paulista, 901, 4º andar
Bela Vista - São Paulo - SP - CEP: 01311-100

SAC: sac.sets@saraivaeducacao.com.br

CÓDIGO DA OBRA 711366   CL 671043   CAE 799497

SUMÁRIO

O caminho da renda extra 13

Semana 1
Construa um arsenal de ideias 25

Semana 2
Selecione sua melhor ideia 67

Semana 3
Prepare-se para decolar 107

Semana 4
Mostre sua ideia para as pessoas certas 163

Semana 5
Reavalie e refine 211

O que mais você pode precisar 253

Veja também o material digital disponível no Saraiva Conecta:
https://somos.in/PRE1

SEU PLANO DE 27 DIAS

SEMANA 1: CONSTRUA UM ARSENAL DE IDEIAS

Um projeto renda extra tem muitos benefícios, mas tudo começa com a ideia certa. A primeira semana de trabalho ensinará como gerar ideias de negócios que funcionam de verdade.

DIA 1. ANTECIPE O FUTURO

O caminho da ideia à receita começa com a resposta a uma pergunta importante: daqui a 27 dias, o que será diferente na sua vida?

DIA 2. APRENDA COMO O DINHEIRO CRESCE EM ÁRVORES

Algumas ideias de negócios são melhores que outras. Aprenda as três características de uma grande ideia e descubra como encontrar aquelas com maior potencial.

DIA 3. FAÇA BRAINSTORMING, PEGUE IDEIAS EMPRESTADAS OU ADOTE-AS

Utilizando o que você aprendeu sobre ideias de alto potencial, faça *brainstorming*, pegue ideias emprestadas ou adote pelo menos três possíveis projetos de renda extra.

DIA 4. AVALIE OS OBSTÁCULOS E OPORTUNIDADES DE CADA IDEIA

Agora que você tem várias ideias, examine-as mais de perto para entender os prós e contras.

DIA 5. CALCULE SEUS LUCROS NO VERSO DE UM GUARDANAPO

Para estimar os lucros, você não precisa de um diploma de economia nem de uma calculadora científica. Você só precisa de um guardanapo, de uma caneta e do poder da observação.

SEMANA 2: SELECIONE SUA MELHOR IDEIA

Depois que tiver várias ideias, você precisa ser capaz de identificar as melhores. Aprenda como classificar e comparar ideias com rapidez para ter a confiança de levar adiante aquelas com maior probabilidade de sucesso.

DIA 6. USE O SELETOR DE PROJETOS PARA COMPARAR IDEIAS

Quando você começa a pensar em possibilidades de atividades para gerar renda extra, as ideias não param. Esta ferramenta mostrará como aplicar a lógica "Tinder dos projetos de renda extra" para escolher a melhor ideia a qualquer momento.

DIA 7. VIRE UM DETETIVE

À medida que avançar com uma ideia, estude o que os outros estão fazendo. Depois, faça-o melhor que eles — ou faça diferente.

DIA 8. TOME UM CAFÉ IMAGINÁRIO COM SEU CLIENTE IDEAL

Existe alguém por aí que tem o perfil do seu cliente perfeito. O que você pode aprender com ele?

DIA 9. TRANSFORME SUA IDEIA NUMA OFERTA

Assim que tiver uma grande ideia e uma visão específica do cliente a quem ela destina, você precisa transformar essa ideia numa oferta. Uma oferta inclui uma promessa, uma apresentação e um preço.

DIA 10. CRIE SUA HISTÓRIA DE ORIGEM

Sua renda extra é como um super-herói de história em quadrinhos: precisa de uma história. Não dê ao público apenas os fatos; conte uma história.

SEMANA 3: PREPARE-SE PARA DECOLAR

Você definiu sua ideia, transformou-a numa oferta e sabe quem é seu cliente ideal. Esta semana, você aprenderá — sem se perder em detalhes irrelevantes — como ajudar esse cliente potencial a entender por que não pode viver sem sua oferta.

DIA 11. JUNTE AS PEÇAS

A desenvoltura é sua habilidade mais valiosa para a renda extra. Tire toda a logística do caminho e se concentre no que é mais importante.

DIA 12. DECIDA O PREÇO DA SUA OFERTA

Estabelecer um preço pode ser um desafio até mesmo para empreendedores experientes. Utilize o modelo de custo mais alto e siga duas diretrizes fáceis para ter chances muito maiores de sucesso.

DIA 13. FAÇA UMA LISTA DE COMPRAS

Sua renda extra exigirá ferramentas, recursos e produtos específicos. Aprenda a encontrar, reunir ou criar tudo que precisa para levar sua oferta ao mundo.

DIA 14. DETERMINE UMA FORMA DE PAGAMENTO

Agora você tem muito mais que apenas uma ideia — você está bem encaminhado para montar uma atividade paralela real. Antes de avançar, certifique-se de que também há uma maneira concreta de ser pago por ela.

DIA 15. PROJETE SEU PRIMEIRO FLUXO DE TRABALHO

Você está quase na semana de lançamento. Ao organizar seus próximos passos numa lista, evitará contratempos e se sentirá mais confiante.

Seu plano de 27 dias   9

ETAPA BÔNUS

DIA 16. GASTE 10% MAIS TEMPO NAS TAREFAS MAIS IMPORTANTES

Muitos novatos na renda extra se perdem em detalhes banais. Evite essa armadilha desde o início, mantendo o foco em apenas duas coisas.

SEMANA 4: MOSTRE SUA IDEIA PARA AS PESSOAS CERTAS

Após um planejamento cuidadoso, você está pronto para mostrar sua oferta ao mundo. A hora é essa! Aprenda tudo o que precisa saber sobre marketing, testes e como chegar ao campo de batalha num tanque.

DIA 17. ANUNCIE SUA OFERTA!

Qual é o melhor momento para divulgar sua oferta no mundo e ver o que acontece? Em geral, antes que você se sinta 100% confiante.

DIA 18. VENDA COMO UMA ESCOTEIRA

Mesmo com um produto ou serviço ótimo e uma oferta incrível para apresentar, o dinheiro não costuma cair do céu por magia. Canalize a escoteira que existe em você e faça algumas vendas!

DIA 19. PEÇA AJUDA A DEZ PESSOAS

Ninguém é uma ilha, e poucos projetos de renda extra prosperam sem a ajuda de amigos e apoiadores. Quando começar a empreender, não hesite em pedir aos amigos, à família e talvez até mesmo ao seu carteiro que se unam à sua causa.

DIA 20. TESTE, TESTE E TESTE MAIS UMA VEZ

Ao iniciar um novo negócio, é normal não saber qual abordagem será a mais eficaz. Para descobrir, teste diferentes abordagens e mantenha um registro dos resultados.

DIA 21. QUEIMA TOTAL POR TEMPO LIMITADO

Há uma ótima razão para a maioria de nós se esforçar para comprar algo em promoção. Domine os benefícios dos acordos, descontos e ofertas especiais — em seguida, coloque-os para trabalhar para você.

ETAPA BÔNUS

DIA 22. EMOLDURE O SEU PRIMEIRO REAL

Reserve um tempo para celebrar suas primeiras realizações. Ainda há muito a ser feito, mas as pequenas vitórias podem ser bastante satisfatórias.

SEMANA 5: REAVALIE E REFINE

Sua renda extra está no mundo! Parabéns — agora vamos ver o que você pode fazer para subir de nível.

DIA 23. MONITORE SEU PROGRESSO E DEFINA OS PRÓXIMOS PASSOS

Conforme aprender mais sobre a resposta ao seu negócio, tome nota das métricas mais importantes — e adote as medidas adequadas de acordo com o que descobrir.

DIA 24. INVISTA NO QUE DÁ CERTO, ABANDONE O QUE NÃO FUNCIONA

À medida que sua atividade evoluir, inúmeros aspectos deverão ser expandidos. Não se distraia — identifique o que está funcionando e invista nisso.

DIA 25. PROCURE O DINHEIRO DEBAIXO DAS PEDRAS

Se tudo estiver indo bem, considere adicionar outra versão do seu negócio para melhor atender seus clientes. Afinal, se tivesse a oportunidade de ganhar um milhão de dólares, deixaria para lá?

DIA 26. TIRE ISSO DA CABEÇA

Toda renda extra tem seus sistemas-chave. É bem provável que você guarde os do seu negócio em sua mente — o que nem sempre é o mais inteligente. Para fazer melhorias significativas (e economizar mais tempo), à medida que expande seu empreendimento, sistematize o que puder.

DIA 27. DE VOLTA PARA O FUTURO

Você chegou ao fim do caminho... ou será o início? Decida se deve seguir um caminho diferente daquele da sua primeira ideia e tentar outra coisa, se continua investindo nela ou se simplesmente deve transformá-la numa fonte contínua de renda.

O QUE MAIS VOCÊ PRECISA

ANEXO 1: Projetos para iniciantes

ANEXO 2: Valide uma ideia com 50 reais e uma conta de Facebook

ANEXO 3: Escreva uma carta para o seu cliente ideal

ANEXO 4: Compre um imóvel para alugar com uma entrada de US$ 1.575,00

RECURSOS E MATERIAL GRATUITO

O CAMINHO DA RENDA EXTRA

Um administrador britânico de uma empresa de construção escreveu uma série de resenhas sobre aquários num *site* obscuro, acrescentando links para várias listas de produtos da Amazon. Sabia que, se os visitantes clicassem nas resenhas e efetuassem uma compra, ganharia uma pequena comissão, mas estava tão ocupado em seu trabalho oficial que, após publicá-las, logo se esqueceu do assunto. Algumas semanas depois, chegou um cheque pelo correio... no valor de 350 dólares. Sua companheira não acreditou que aquele dinheiro fosse real até ele usá-lo para pagar um jantar a dois num restaurante chique.

Na época, ele não tinha ideia de que esse pequeno projeto, criado num fim de semana, continuaria a render centenas de dólares. Também não sabia que, *muitos anos mais tarde*, essas mesmas resenhas ainda estariam lhe rendendo em média 700 dólares por mês, sem nenhum trabalho adicional de sua parte. Não era uma aposentadoria, mas era ótimo.

Da mesma forma, quando um funcionário do governo de San Diego se ofereceu para fotografar o casamento de um amigo, não imaginava que isso lhe daria uma renda extra de 3.500 dólares por mês. Esse funcionário público não queria ser fotógrafo de casamentos em tempo integral, mas a opção de vez por outra fotografar um casamento lhe dá segurança e proteção. Ele aceita os trabalhos que se encaixam na sua agenda e recusa os que não se encaixam, enquanto continua a receber um salário fixo do seu trabalho "oficial".

Uma representante de vendas de petróleo e gás da Pensilvânia começou a postar imagens no Pinterest. Ela não era uma celebridade nem tinha um "modelo de receita" (ou seja, uma estratégia para gerar renda). Além do seu trabalho das 8h às 18h, também era mãe, professora de yoga e muito ativa em sua comunidade local. No intervalo de um mês, para sua surpresa, recebeu mais de mil dólares. Depois de três anos, havia recebido mais de 40 mil dólares, apenas fazendo *upload* de fotos durante as brechas do seu dia.

Essas histórias, todas verdadeiras, representam o caminho da renda extra tratada neste livro: um projeto enriquecedor que você começa, em geral, em paralelo ao seu trabalho em tempo integral. Em outras palavras, é uma maneira de gerar receita adicional sem entrar de cabeça no mundo do empreendedorismo.

Claro que a ideia de largar um emprego fixo e se lançar por conta própria pode ser estimulante para alguns. Para muitos outros, no entanto, pode ser aterrorizante. Afinal, quer você tenha ou não uma família para sustentar ou boletos para pagar, é difícil, se não impossível, desistir de um emprego com renda estável, plano de saúde e outros benefícios.

Mas e se você tivesse uma atividade lucrativa que exigisse apenas um investimento mínimo de tempo, dinheiro e esforço — e pudesse concretizá-la *em paralelo* ao seu emprego estável e seguro? É exatamente isso que este livro ensina, apresentando um passo a passo da ideia à implementação em apenas 27 dias. O guia é projetado para os ocupados e impacientes. É um mapa detalhado que lhe permitirá fazer *brainstorming*, selecionar uma ideia, lançá-la e ganhar dinheiro em menos de um mês.

Contudo, essa atividade paralela não representa *apenas* um dinheiro a mais no seu bolso. No contexto atual, no qual a noção de lealdade de uma empresa para com seus trabalhadores é cada vez mais rara, seu projeto de renda extra constitui uma nova segurança de trabalho. Ela lhe dá a capacidade de decidir. Quando você recebe pagamentos de várias fontes diferentes, não depende mais dos humores de um único empregador.

Mais rendimento significa mais opções. Mais opções significam mais liberdade.

Nas páginas seguintes, você lerá muitas outras histórias como as já mencionadas. São histórias divertidas, mas que também têm um propósito maior. Elas estão aqui para mostrar que *qualquer um* pode construir um caminho rápido para a liberdade aumentando sua renda — utilizando as habilidades que já tem. Não importa o que você faz em seu trabalho oficial nem se quer identificar-se como "empreendedor" ou não — você precisa de um projeto de renda extra. Se seguir este plano, você o terá em menos de um mês.

Qual será sua história?

A ÁRVORE DE DINHEIRO

Você já ouviu aquele ditado que diz que dinheiro não cresce em árvore? Os pais costumam dizê-lo àquelas crianças que querem comprar tudo que veem pela frente. Esses pais têm apenas metade da razão. O dinheiro *cresce* em árvores — mas é preciso plantar as sementes certas no solo certo. Em cada pequeno capítulo deste livro, você lerá uma história de alguém que encontrou uma árvore de dinheiro e a fez florescer — apenas colocando uma ideia em prática. Ao longo do caminho, você aprenderá como descobrir e desbloquear um processo replicável, que poderá adaptar ao próprio negócio.

Espero que essas histórias sejam inspiradoras; contudo, mais que isso, espero que inspirem você a agir. Há uma árvore de dinheiro lá fora esperando por você também. Nos próximos 27 dias, você aprenderá como encontrá-la e nutri-la, para vê-la crescer.

Independentemente de ter familiaridade com o mundo da renda extra ou ser um novato nesse conceito, este livro ajudará você a começar a trabalhar com um projeto lucrativo num curto período. Todos os detalhes estão nas próximas 200 páginas, mas eis o que você precisa saber agora:

1. Todo mundo deve ter um projeto de renda extra. Ainda que você adore o seu trabalho, ter mais de uma fonte de receita aumentará sua liberdade e suas opções.
2. Não é tão difícil. Seguindo as lições deste livro, você poderá começar em menos de um mês.
3. Para ser bem-sucedido nessa empreitada, você precisa primeiro entender como gerar ideias lucrativas e depois escolher a melhor delas para seu momento específico. Você aprenderá essas duas habilidades na primeira metade do livro.
4. Projetos de renda extra são uma questão de ação! É preciso lançar sua ideia, em geral antes de se sentir 100% pronto, e em seguida reavaliar e refiná-la após os resultados iniciais. Você aprenderá a fazer isso na segunda metade do livro.

O QUE VOCÊ PRECISA E O QUE NÃO PRECISA

Há pouquíssimos pré-requisitos para um projeto de renda extra. Para ser bem-sucedido nessa empreitada, você só precisa, basicamente, de duas coisas:

- **O estado de espírito correto.**
  Em especial, é preciso ter disposição para aprender *e* experimentar. Mesmo se for um empreendedor em série de longa data, parte do que aprenderá aqui será novo. Para tirar o máximo de proveito dessas lições, esteja disposto a abrir sua mente para uma outra maneira de pensar.
- **A vontade de agir.**
  Mesmo que eu tenha tentado escrever um livro muito prático, apenas lê-lo não lhe ajudará muito. Você precisa estar disposto

a seguir as instruções e a experimentar os exercícios. Não tem problema adaptá-los — eles precisam funcionar para você — mas, se quiser ter sucesso, não deixe de fazê-los.

Como você pode ver, a lista de pré-requisitos é bem simples. A lista do que você *não* precisa é muito mais longa. Isso é importante, pois muitos pensam que a capacidade de ganhar dinheiro fora do emprego oficial não está ao seu alcance. Felizmente, essas pessoas estão erradas. Vamos tirar essa ideia da frente desde o início.

- **Você não precisa de muito dinheiro.**

  Guarde seus cartões de crédito (pelo menos aqueles com limites altos) e não se preocupe com a necessidade de levantar capital ou pedir empréstimos. O processo que mostrarei nos próximos dias, junto com a maior parte das ideias e histórias que você lerá, não exige uma grande quantidade de dinheiro — e, em alguns casos, não exige dinheiro algum.

- **Você não precisa de muito tempo.**

  Sinceramente, você vai precisar de *um pouco de* tempo. No entanto, o tempo necessário para iniciar seu projeto paralelo deve ser mínimo. O plano de 27 dias foi projetado para ser feito ao lado dos seus compromissos anteriores, e não toma mais de uma hora por dia. Se quiser agir mais rápido ou construir algo num patamar mais elevado logo de cara, pode investir mais tempo — mas não *precisará* fazê-lo.

- **Você não precisa de um diploma em administração nem qualquer treinamento especializado.**

  Cursos de administração, em sua maior parte, ensinam você a ser gerente corporativo, o que é ótimo se essa é a sua função no seu emprego formal. Entretanto, com o seu projeto de renda extra, você está começando seu próprio negócio, e não administrando o de outra pessoa. Você não precisa de um MBA. Não terá que usar *softwares* complicados ou planilhas eletrônicas. Suas previsões financeiras podem ser feitas no verso de um guardanapo — inclusive, é isso que você vai aprender no Dia 5.

- **Você não precisa de funcionários, assistentes ou sócios.**
Você pode querer apoio em algum momento, mas não de imediato. O objetivo inicial é começar por conta própria, usando suas próprias habilidades e esforço.
- **Você não precisa ter experiência para começar um negócio.**
Você não precisa ser um "empreendedor" para começar um projeto de renda extra. Mesmo com zero de experiência em trabalho autônomo, com os conselhos deste livro e um pouco de desenvoltura, você não terá nenhum problema em levar seu projeto da ideia ao lucro.

Na verdade, algumas dessas coisas (dinheiro, abundância de tempo livre e até mesmo educação) podem ser *prejudiciais* ao seu plano. Se tiver dinheiro para gastar, você gastará. Se tiver excesso de tempo livre para desperdiçar, desperdiçará. Tudo que você aprendeu sobre negócios na faculdade pode distraí-lo ou impedir que tome as medidas simples necessárias para transformar sua ideia em ação. Por fim, em algum momento, até pode ser inteligente expandir sua equipe, mas quando tiver que fazer tudo sozinho, você precisará se ater ao que é essencial. Este plano mostrará como.

POR QUE ESCREVI ESTE LIVRO

Lancei e administrei projetos paralelos para me dar renda extra ao longo de toda a minha vida adulta. Na verdade, esse é o único caminho profissional que já conheci. Por mais de vinte anos, vivi muito bem fazendo de tudo, desde importação de café à criação de *websites*. Durante parte desse período, também passei vários anos fazendo trabalhados humanitários na África Ocidental, e depois segui (e completei) uma missão de visitar todos os países do mundo. Se você me perguntasse como ser um funcionário melhor, eu não saberia o que dizer. Mas se quiser saber como criar uma nova fonte de renda, posso orientar você a cada passo do caminho.

Você também pode aprender a trilhar o caminho dos projetos de renda extra. Uma vez adquirida a habilidade de gerar ideias, você não terá dificuldade em fazê-las surgir sempre que precisar. Então, quando dominar a habilidade de fazer as ideias acontecerem, será capaz de converter essas ideias em ativos geradores de renda.

É como alquimia, só que não é mágica. É prática.

O objetivo exclusivo deste livro é ajudar você a aumentar sua renda *e* sua segurança, dando-lhe mais opções e permitindo que faça mais daquilo que deseja. Se aceitar essa missão e se comprometer a cumpri-la, prometo fazer tudo que puder para apoiar você ao longo do caminho.

COMO USAR O PLANO DE 27 DIAS

As habilidades necessárias ao projeto de renda extra não são ensinadas na escola. A menos que tenha tido muita sorte, é provável que também não as tenha aprendido com seus pais. Não há nada de errado com a educação formal, mas ela não ajudará muito aqui. A única maneira de dominar as habilidades de um projeto de renda extra é *fazendo*.

Outro dia, conversei com alguém que estava iniciando seu primeiro empreendimento. Ela é um exemplo clássico do público-alvo deste livro. Tem um bom trabalho e não quer necessariamente se lançar por conta própria — mas também queria construir algo para si mesma, fora de seu expediente profissional. A ideia dela era criar uma exposição de arte *pop-up* (ou temporária) para vender suas ilustrações. Como não sabia bem como iniciar um negócio, seguiu o que parecia mais lógico e se inscreveu num curso de oito semanas de empreendedorismo numa faculdade local. Infelizmente, o curso resultou sobretudo em frustração. "Cerca de 15% do que aprendi foi útil", disse-me ela. "O resto era basicamente irrelevante para os meus objetivos".

Considere este livro um tipo diferente de escola. Em vez de ensinar a escrever planos de negócios longos e a pedir dinheiro emprestado, vou mostrar um processo completo de planejamento e ação, com um cronograma de 27 dias.

Em vez de comparecer às aulas a determinada hora todos os dias, você pode encaixar essas lições na sua agenda e no seu horário. No entanto, o ideal é seguir o esquema geral a seguir, que mostra como todos os passos se complementam para conduzir a um empreendimento lucrativo.

Cada semana tem um tema como foco principal e é dividida em cinco passos, com etapas bônus nas Semanas 3 e 4. Não se preocupe com o tempo que alguma etapa possa tomar — algumas podem ser concluídas rápido, outras podem demorar mais que um dia. O ponto chave é seguir essas etapas em sequência.

Os objetivos de cada semana são:

SEMANA 1: Aprender a gerar ideias lucrativas

SEMANA 2: Selecionar sua melhor ideia (nem todas as ideias estão em pé de igualdade!)

SEMANA 3: Preparar-se para compartilhar sua melhor ideia com o grupo certo de pessoas

SEMANA 4: Lançar — provavelmente antes de estar pronto — e acompanhar os resultados

SEMANA 5: Reavaliar e refinar o seu projeto

SEMANA 1: CONSTRUA UM ARSENAL DE IDEIAS

Dia 1: Antecipe o futuro

Dia 2: Aprenda como o dinheiro cresce em árvores

Dia 3: Faça *brainstorming*, pegue ideias emprestadas ou adote-as

Dia 4: Avalie os obstáculos e oportunidades de cada ideia

Dia 5: Calcule seus lucros no verso de um guardanapo

SEMANA 2: SELECIONE SUA MELHOR IDEIA

Dia 6: Use o Seletor de Projetos para comparar ideias

Dia 7: Vire um detetive

Dia 8: Tome um café imaginário com seu cliente ideal

Dia 9: Transforme sua ideia numa oferta

Dia 10: Crie sua história de origem

SEMANA 3: PREPARE-SE PARA DECOLAR

Dia 11: Junte as peças

Dia 12: Defina o preço da sua oferta

Dia 13: Faça sua lista de compras

Dia 14: Determine uma forma de ser pago

Dia 15: Projete seu primeiro fluxo de trabalho

Dia 16: Gaste 10% mais tempo nas tarefas mais importantes

SEMANA 4: MOSTRE SUA IDEIA PARA AS PESSOAS CERTAS

Dia 17: Anuncie sua oferta!

Dia 18: Venda como uma escoteira

Dia 19: Peça ajuda a dez pessoas

Dia 20: Teste, teste e teste mais uma vez

Dia 21: Queima total por tempo limitado

Dia 22: Emoldure o seu primeiro real

SEMANA 5: REAVALIE E REFINE

Dia 23: Monitore seu progresso e defina os próximos passos

Dia 24: Invista no que dá certo, abandone o que não funciona

Dia 25: Procure o dinheiro debaixo das pedras

Dia 26: Tire isso da cabeça

Dia 27: De volta para o futuro

AGORA É COM VOCÊ: VAMOS COMEÇAR OS TRABALHOS!

A esta altura, você já deve ter uma ideia se a vida da renda extra é a certa ou não para você. Para confirmar, faça este teste rápido:

✓ Você gosta da ideia de ter mais de uma fonte de renda?
✓ Você está disposto a dedicar pelo menos 30 minutos por dia para construir seu negócio, ao menos durante os próximos 27 dias?

Se respondeu "sim" a essas duas perguntas, este plano é para você. Só um aviso: ao longo do livro, serei bastante direto ao mostrar o que fazer. Trabalho há mais de vinte anos empreendendo, e já trabalhei com milhares de pessoas iniciando o próprio projeto de renda extra. Sei o que funciona e o que não funciona. Quero que tenha sucesso e não quero desperdiçar seu tempo. Confie no processo.

MONITORE SEU PROGRESSO: FERRAMENTAS GRATUITAS

Por último, embora tudo que você precise para ter sucesso esteja nestas páginas, criei ferramentas adicionais para quem quer uma ajudinha extra ao percorrer o modelo. A primeira é um gerenciador de tarefas gratuito para ajudar a monitorar seu progresso. Às vezes, ter um lembrete visual de como você está se saindo ajuda. A segunda é uma comunidade *online*, na qual aqueles que investem em projetos de renda extra como você podem se juntar àqueles que também encaram esse desafio. Você não *precisa* participar do grupo, mas muitos o consideram benéfico.

Por fim, vou postar recursos adicionais *online*: basta acessar *sidehustleschool.com* para registrar sua cópia do livro e obter acesso.

Independentemente de adorar o próprio emprego ou não o suportar, todos devem ter mais de uma fonte de renda. Como é você quem toma as decisões, também pode ser divertido — embora essa forma de entretenimento, diferente das outras, na verdade lhe *traz* mais dinheiro todo mês. Lembre-se de que uma renda extra constitui uma nova segurança no trabalho. Não há nenhum lado negativo, e as possibilidades são ilimitadas.

Agora, vamos transformar essa ideia na sua realidade.

SEMANA 1

CONSTRUA UM ARSENAL DE IDEIAS

O projeto de renda extra tem muitos benefícios, mas tudo começa com uma ideia. Esta primeira semana de trabalho ensinará você a gerar ideias de negócios que de fato funcionam.

> **SEMANA 1: CONSTRUA UM ARSENAL DE IDEIAS**
>
> Dia 1: Antecipe o futuro
> Dia 2: Aprenda como o dinheiro cresce em árvores
> Dia 3: Faça *brainstorming*, pegue ideias emprestadas ou adote-as
> Dia 4: Avalie os obstáculos e oportunidades de cada ideia
> Dia 5: Calcule seus lucros no verso de um guardanapo

DIA 1

ANTECIPE O FUTURO

> *Um projeto de renda extra tem muitos benefícios e nenhuma desvantagem. Tudo começa com sua resposta a uma pergunta importante: daqui a 27 dias, o que mudará na sua vida?*

Antes de partirmos para o trabalho, vamos esclarecer uma coisa. Um projeto de renda extra não tem a ver apenas com dinheiro no banco, por mais útil que isso seja. O seu projeto de renda extra pode mudar sua vida de verdade. Quando você constrói algo para si mesmo, mesmo mantendo o seu trabalho das 8h às 18h, você ganha poder. Ganha confiança. Cria segurança, tanto em forma de dinheiro a mais no bolso, como também ao abrir oportunidades futuras para si mesmo.

Portanto, desde o início desta jornada, comece a pensar em seu futuro. Parta do princípio de que esse projeto vai dar certo. O que isso significaria para você? O que mudará na sua vida? Considere os três objetivos comuns dos projetos de renda extra a seguir. Qual deles lhe parece mais interessante?

Objetivo 1: Fazer um dinheiro extra para uma finalidade específica, como pagar um empréstimo, comprar um item de grande valor, tirar férias ou apenas construir seu fundo de emergência.

Objetivo 2: Criar uma fonte de renda sustentável e contínua que faça uma diferença real em sua qualidade de vida.

Objetivo 3: Substituir ou superar o que você ganha no seu emprego atual.

Perceba que isso não é um *ranking* de pior para melhor. Dependendo de suas preferências e estilo de vida, o Objetivo 1 pode ser uma escolha melhor que o 2 ou 3. Além disso, se você já começou um projeto de renda extra antes, o que lhe motivou alguns anos atrás pode ter mudado, assim como sua vida de forma geral muda com o tempo. Projetos de renda extra são flexíveis e podem cumprir papéis diferentes em momentos diferentes.

Ao selecionar seu objetivo, pode ser útil observar como outros empreendedores tomaram suas decisões com base nos objetivos que estabeleceram:

Objetivo 1: Nick queria quitar um empréstimo de 2.500 dólares. Não era uma dívida enorme, mas o incomodava. Poucas semanas depois de iniciar seu primeiro projeto revendendo *videogames* clássicos, livrou-se da dívida.

Objetivo 2: Bob e Barb, um casal de meia-idade da Filadélfia, decidiram trabalhar juntos num projeto de renda extra produzindo camisetas personalizadas de beisebol. É um negócio sustentável que coloca uma boa grana na conta bancária deles todos os meses — e o negócio tem o potencial de crescer ainda mais — mas não é a principal fonte de renda do casal.

Objetivo 3: Michael foi professor durante dez anos e queria fazer uma transição para a vida de autônomo. Cansado do alto custo de seu serviço de TV a cabo, pensou num projeto de renda extra que ajudasse os outros a reduzirem drasticamente suas contas. Ele se levantava às 4 da manhã todos os dias para trabalhar no projeto antes do início do turno escolar, mas o esforço valeu a pena: um ano depois, o negócio crescera ao ponto de ele poder deixar seu emprego como professor e trabalhar apenas por conta própria.

Essas são as principais categorias, mas algumas pessoas que embarcam em projetos paralelos têm objetivos mais específicos e pessoais: criar um fundo para viagens, experimentar uma atividade que possa se tornar algo maior no futuro, apoiar uma instituição de caridade em que se acredita etc. As possibilidades são infinitas.

Um projeto de renda extra é como um *hobby*, porém com uma grande diferença: a maioria dos *hobbies* custa dinheiro. Um projeto de renda extra *faz* dinheiro. Ele lhe permite brincar de empreender, ser pago para experimentar algo novo e aprender diferentes habilidades.

Use sua imaginação para viajar 27 dias no futuro. Se seguir este plano, a essa altura, o negócio estará pronto e funcionando a todo vapor. Como será sua vida? Para onde o seu projeto de renda extra levará você?

DIA 2

APRENDA COMO O DINHEIRO CRESCE EM ÁRVORES

Algumas ideias são melhores que outras. Aprenda as três qualidades de uma grande ideia e entenda como encontrar aquelas com maior potencial.

A designer gráfica Julia Kelly, de San Diego, queria fazer uma grana extra. Depois de se formar, arranjou um trabalho temporário em meio período, durante o verão, como caricaturista num parque de diversões local. Sempre foi ótima em desenhar com rapidez, e retratar pessoas parecia ser divertido.

Apesar de suas habilidades, no início, foi uma experiência aterrorizante para Julia. O parque tinha uma regra rígida de que artistas não podiam rascunhar a lápis antes de iniciar o produto final; por isso, desde o primeiro dia, ela teve que desenhar com caneta permanente. Em outras palavras, não havia botão de desfazer — não havia como voltar atrás num erro ou apagar e começar de novo. Desenhar na frente de uma multidão de espectadores já é intimidante, mais ainda quando cada traço é definitivo.

Foi uma prova de fogo intensa, mas deu certo. Algumas semanas depois, Júlia não se sentia mais aterrorizada. Ao contrário: estava confiante. Dominava uma nova habilidade! Foi recompensada com sorrisos de crianças felizes, assim como com a gratidão de pais que iam embora com uma memória tangível para pregar na porta da geladeira ou talvez até emoldurar na parede.

Só havia um problema: como o trabalho pagava apenas 8 dólares por hora (o salário mínimo, na época), sua recompensa consistia principalmente nesses sorrisos. Rostos felizes são ótimos, mas não dá para depositá-los numa conta bancária.

No fim do verão, Julia queria continuar fazendo retratos, mas, é claro, também queria ganhar mais dinheiro. Foi aí que percebeu: talvez houvesse alguma forma de vender seus serviços por conta própria. Escreveu para todas as escolas da região, perguntando se considerariam contratá-la para o próximo evento. Depois de sua quarta apresentação, alguém respondeu dizendo que havia um evento na mesma semana. Será que ela poderia trazer suas canetas e trabalhar por algumas horas?

É claro que podia. Esse evento levou a outro, depois a outro — e, em pouco tempo, ela estava cobrando 100 dólares por hora por evento corporativo, uma taxa muito maior que aquela paga no parque de diversões. Foi um grande sucesso, mas Júlia não havia terminado. Tinha mais uma grande ideia que iria catapultar seu rendimento ainda mais.

Agora com mais experiência, aprendeu a desenhar caricaturas digitais, uma nova forma de mídia que ainda não era tão difundida. Em vez de desenhar com canetas, Julia usava um *tablet*. Quando terminava o desenho, podia imprimi-lo *e* enviar a imagem por e-mail ao cliente, que muitas vezes a postava no Facebook para os amigos verem.

Isso deu ao seu trabalho um toque especial, que a distinguia de todos os outros artistas de sua região, e o valor percebido de seus serviços disparou. Começou a cobrar 250 dólares por hora, concentrando-se em eventos corporativos com orçamentos maiores para uma experiência diferenciada. O valor mais alto era proibitivo para alguns planejadores de eventos, mas muitos outros aceitavam-no felizes — então, agora ganhava 2,5 vezes mais, trabalhando o mesmo número de horas. A árvore de dinheiro de Julia estava crescendo rapidamente.

ALGUMAS IDEIAS SÃO MELHORES QUE OUTRAS

Quando você entender que o dinheiro de fato cresce em árvores, o próximo passo é aprender a plantar as sementes certas. As sementes de uma árvore de dinheiro consistem em ideias para fazer dinheiro. Para que sua árvore dê frutos, você precisará trabalhar para transformar essas ideias em ação. Mas seu primeiro passo é encontrar as ideias certas. Elas podem não ser óbvias no início, mas se olhar com atenção, sempre encontrará *ideias que possam ser convertidas em dinheiro* disponíveis para a colheita.

Todo projeto de renda extra começa com uma ideia — e, para melhores resultados, você pode precisar de mais de uma ideia. Antes de continuarmos, tome nota de algo importante sobre ideias de projetos de renda extra: nem todas estão em pé de igualdade. Na verdade, há uma enorme gama de lucros potenciais entre elas. No caso de Julia, uma versão de sua ideia pagava 8 dólares por hora, outra pagava 100 dólares, e outra pagava incríveis 250 dólares. É óbvio qual abordagem era a melhor.

Encontrar a melhor abordagem nem sempre é tão simples porque você nem sempre vai comparar ideias tão semelhantes. Ainda assim, quase todas as ideias em que vale a pena investir compartilham três qualidades. Você quer que sua ideia seja *viável*, *lucrativa* e *convincente*.

SUA IDEIA É VIÁVEL?

Seu objetivo é iniciar um projeto num curto período que renda dinheiro por fora do seu trabalho diário. Se alguma das partes dessa equação não estiver evidente na ideia em que está pensando, não se trata de uma ideia viável.

INICIAR UM PROJETO / QUE RENDA DINHEIRO / NUM CURTO PERÍODO

- **Iniciar um projeto:** você vai mesmo executá-lo — e não apenas pensar no assunto. Quando pensa em determinada ideia, você se sente entusiasmado? Consegue imaginar seus próximos passos? Caso a responda não seja afirmativa, desista dessa ideia.

- **Que renda dinheiro:** lembre-se, um projeto de renda extra não é um *hobby*. Ele produz receita. Se não consegue enxergar uma maneira clara de ser pago, desista dessa ideia.
- **Num curto período:** se sua ideia requer três anos para ser posta em prática, desista dela.

Uma ideia viável é aquela que você pode transformar em realidade usando as habilidades, o tempo e os recursos que *já tem*. Para ser bem direto, não vale a pena considerar uma ideia inviável. Mesmo que você não tenha clareza sobre cada passo do caminho, deve conseguir visualizar um percurso desde a ideia até o seu lançamento. No caso de Julia, por exemplo, ela adorava desenhar caricaturas e era boa nisso. Possuía tanto a habilidade quanto o desejo de transformar a ideia em ação. E como sabia que outras empresas contratavam regularmente artistas para desenhar retratos, estava confiante de que as pessoas estariam dispostas a pagar por seus serviços. Por fim, como seu produto exigia uma preparação irrisória, sabia que seria possível colocar o negócio para funcionar em questão de dias.

SUA IDEIA É LUCRATIVA?

Você não está procurando uma ideia que apenas pareça interessante; está procurando uma ideia lucrativa. Para ter certeza de que compreendeu a diferença, considere dois exemplos de ideias totalmente diferentes. Aqui está o primeiro, de um *personal chef* apaixonado por sobremesas sofisticadas:

> *"Quero começar uma assinatura mensal de sorvetes que entregue sabores artesanais aos escritórios. O serviço é voltado para gerentes de RH e CEOs de pequenas empresas como forma de aumentar a motivação e reunir os funcionários em torno de experiências sociais regulares."*

Neste exemplo, há um mercado-alvo claro. Evidentemente, a logística de armazenamento e entrega do sorvete pode ser um pouco complicada; mas talvez, sabendo como obter os ingredientes e quem seriam os clientes iniciais, valesse a pena explorar a ideia. Pelo menos é uma ideia com *potencial* lucrativo, e é isso que você quer.

Agora considere a ideia de um recém-formado começando sua lenta ascensão profissional numa empresa de consultoria:

> *"Gostaria de criar um aplicativo que introduz uma nova forma de pagamento para quem não gosta de usar cartão de crédito ou dinheiro."*

Essa ideia é interessante? Sim, talvez. Mas como você começaria a construí-la e comercializá-la? Seria um empreendimento enorme e caro, mesmo se você tivesse conhecimentos tanto de tecnologia da informação quanto de finanças. E mesmo se pudesse colocá-la em prática com facilidade, como seu produto se destacaria de todos os outros aplicativos de pagamento no mercado? Na melhor das hipóteses, é uma visão grandiosa que exigiria muita dedicação e luta. Não é disso que se trata um projeto de renda extra.

Experimente outro teste rápido: se tiver dificuldade em explicar o benefício primário do seu conceito em uma ou duas frases, talvez precise repensar a ideia. Se o benefício primário não for claro para os clientes potenciais, poucos se converterão em clientes *pagantes*.

Uma renda extra é algo que *faz* dinheiro para você, e não que custa o seu dinheiro. Se você não vê como poderia ganhar dinheiro com a ideia, de preferência num curto espaço de tempo, é provável que essa não seja uma boa ideia.

SUA IDEIA É CONVINCENTE?

Há mais um fator a ser considerado durante o *brainstorming* e seleção da sua ideia. Uma ideia boa não é suficiente, mesmo que ela tenha um enorme potencial lucrativo. Sua ideia tem que chegar na hora certa e ser tão persuasiva que os clientes não consigam recusá-la.

Fui há pouco tempo a um evento cujo estacionamento custava 25 dólares. Normalmente, o estacionamento naquele lote custa 5 dólares, mas nesse evento especial, o preço tinha subido 500% de um dia para o outro. Fiquei feliz ao pagar 25 dólares por algo que costuma custar 5 dólares? Não. Paguei? Sim. A lei de oferta e demanda garantiu que o proprietário do estacionamento estivesse prestando um serviço muito persuasivo naquele dia.

Às vezes você terá ideias que ainda não estão prontas. Tudo bem; você pode guardá-las para mais tarde. É melhor concentrar seus esforços atuais em ideias que são persuasivas *agora*. Para ter sucesso, você quer a ideia certa no momento certo.

DESCUBRA E INVISTA NAS IDEIAS DE ALTO POTENCIAL

Nem todas as ideias de negócios valem a pena, e a capacidade de distinguir aquelas de alto potencial daquelas indesejáveis ou apenas interessantes é essencial para começar um negócio lucrativo rapidamente. Com um pouco de prática, você será capaz de diferenciá-las de imediato.

Entre as características das ideias indesejáveis estão:

- Uma visão grandiosa, que é difícil de simplificar ou de se traduzir em ação;
- Algo que você não tem ideia de como fazer (ou que requer habilidades que você não tem);
- Uma noção vaga e inespecífica do tipo de pessoa disposta a pagar pelo produto/ serviço;
- Algo que exige muito tempo de produção e que seja complexo de executar.

Entre as características das ideias de alto potencial estão:

- Um caminho simples para transformar ideia em realidade que pode ser descrito em uma frase;
- Ser algo que você sabe como fazer ou que pode aprender com facilidade;
- Resolver um problema ou facilitar a vida de alguém de uma maneira específica (*e* que haja pessoas dispostas a pagar por isso);
- Ser fácil de executar e de entregar, não precisando de muita preparação ou acompanhamento;
- A capacidade de gerar uma receita recorrente e não apenas pontual.

Ao considerar as diversas opções de projetos de renda extra, deixe de lado as ideias meramente interessantes. Prefira as ideias de alto potencial!

VEJA SE SUA IDEIA TEM ALTO POTENCIAL

✓ Você consegue descrever como transformar sua ideia em ação numa única frase?

✓ Existe uma maneira óbvia de fazer dinheiro com essa ideia?

✓ Essa ideia resolve o problema de alguém?

✓ Você consegue descobrir como colocar essa ideia em prática com rapidez?

✓ Ela é relativamente fácil de executar e manter?

✓ Você pode ser pago mais de uma vez por essa ideia?

Quanto mais respostas "sim" der a essas perguntas, mais potencial sua ideia tem. Consegue responder sim a *todas* elas? Então, comece a trabalhar agora mesmo!

Julia, a caricaturista, fez uma série de escolhas inteligentes para se transformar de trabalhadora temporária num parque de diversões em *freelancer* bem remunerada. Visto que desenhar caricaturas é uma forma de arte muito particular, ela começou como aprendiz no parque de diversões para se aperfeiçoar. Assim que ganhou confiança, deixou de ser trabalhadora temporária e virou *freelancer*, e a renda da sua atividade subiu de 8 para 100 dólares por hora. Por fim, quando descobriu um novo meio para executar seus desenhos e passou a oferecer algo único no mercado, sua remuneração *disparou* para 250 dólares por hora. A ideia era viável, lucrativa e convincente.

Em maio de 2013, Julia abandonou seu trabalho oficial e começou a viver de seu projeto de renda extra, que na época lhe trazia mais de 100 mil dólares por ano, mesmo trabalhando basicamente um dia por semana em eventos.

Lembre-se, você não quer ideias que sejam meramente interessantes. Sempre que tiver uma ideia, considere a viabilidade de executá-la e o quão lucrativa pode se tornar. Considere também se ela é convincente — é a ideia certa *agora*?

Se ainda não tem nenhuma ideia de alto potencial, não se preocupe. Ao final do próximo passo, você terá.

DIA 3

FAÇA *BRAINSTORMING*, PEGUE IDEIAS EMPRESTADAS OU ADOTE-AS

> *As ideias estão por toda parte. Usando o que você aprendeu sobre ideias de alto potencial, é hora de fazer brainstorming, pegar ideias emprestadas ou adotar no mínimo três projetos possíveis.*

Dan Khadem trabalha como programador de banco de dados em um hospital no Colorado. Examinando informações complexas dia após dia, ele se aprimorou em diferentes modos de organizar esses dados. Uma das ferramentas que mais utiliza é o Microsoft Access, um programa amplamente usado no setor da saúde.

O Access é um pouco diferente do Word ou Excel, que foram projetados para ser de fácil utilização e não exigir treinamento especializado. Qualquer pessoa pode pegar o Access e começar a usá-lo, mas é preciso muito tempo e estudo ativo para adquirir proficiência no programa. Sem treinamento, é provável que o usuário se sinta perdido.

A programação de banco de dados surgiu de forma natural para Dan. Além de ser engenheiro, tinha centenas de horas de experiência explorando as entradas e saídas do *software* Access. Também estava adaptado à realidade dos projetos de renda extra. Quando terminou o ensino médio, Dan passou a ser responsável pelas próprias finanças e, desde então, havia acumulado mais de 45 mil dólares em empréstimos. Queria pagar esses empréstimos e começar a economizar para a aposentadoria; por isso, começara a correr atrás de uma série de diferentes negócios. Pesquisou o mundo dos imóveis para alugar e chegou a comprar duas propriedades para esse fim. Participava de pesquisas remuneradas e preenchia questionários pagos, aproveitando a conveniência de trabalhar num hospital que realizava esse tipo de estudo.

Dan sabia que o Microsoft Access era utilizado por muitas pessoas todos os dias, em particular no setor da saúde, mas também no setor de energia, na indústria ambiental e em outras áreas. Assim, inscreveu-se num *site* de tutoriais, no qual qualquer pessoa com as qualificações certas pode oferecer serviços a estudantes do mundo todo. Como sua experiência era muito específica, não demorou muito para conseguir seu primeiro cliente. Decidiu cobrar 55 dólares por hora por sessões *online*, e 65 dólares por hora por sessão presencial.

Tudo ia bem — ele dava algumas aulas por semana e ganhava mais de 500 dólares por mês, em média — às vezes até mil dólares. Contudo, ele também notou que alguns estudantes apresentavam outras necessidades que não eram atendidas pelos tutoriais. Essas pessoas precisavam de uma ajuda maior, ou até mesmo de um serviço completo. Por exemplo, alguns necessitavam de ajuda para construir um banco de dados personalizado; outros precisavam de uma consultoria mais detalhada. Com o tempo, as aulas na plataforma se tornaram a porta de entrada desse trabalho de alto nível, pelo qual cobra entre 80 a 125 dólares por hora.

Como acontece com qualquer projeto de renda extra, o dinheiro é ótimo, mas Dan também nota que o trabalho lhe trouxe outros benefícios. "Gosto de conhecer gente e construir novos relacionamentos", ele me contou. "As pessoas são ótimas, ainda mais quando veem você como um especialista em algo de que necessitam". Ele também está diversificando suas habilidades, adquirindo experiência numa maior variedade de funções de programação do que aquelas utilizadas em seu trabalho diário — e sendo pago por isso.

Não há dúvida de que Dan é um engenheiro talentoso que domina bancos de dados, mas ele também tem uma habilidade ainda mais valiosa: a capacidade de imaginar e implementar ideias que geram renda extra. Afinal, nem todos os funcionários de um hospital pensariam em ganhar de 200 a 300 dólares por mês participando de pesquisas pagas. E nem todos os engenheiros de computação veriam a oportunidade de ganhar dinheiro ensinando estudantes a mexer em bancos de dados. Por fim, nem todo tutor virtual perceberia que seus alunos poderiam levá-lo a maiores oportunidades por meio de projetos personalizados. Dan foi sábio o bastante para perceber que muitos profissionais precisam navegar em grandes quantidades de informação, e pagariam de bom grado para aprender a trabalhar mais rápido e de modo mais inteligente.

Para ter um projeto de renda extra bem-sucedido, é esse o tipo de pensamento que você precisa ter.

AS IDEIAS PODEM SE TORNAR ATIVOS

Para onde quer que olhe, há ideias de negócios à sua volta. Muitas delas podem ser trocadas por dinheiro. Ao criar seu projeto de renda extra, o objetivo é transformar sua ideia num ativo, algo que tenha valor real e que produza receita ao longo do tempo para você. Ao pensar em ativos, você pode imaginar coisas como ações, títulos e fundos de investimento. Todos são formas de ativos, no sentido em que, com o esforço correto, podem ser transformados em dinheiro.

Agora imagine que um parente rico lhe dá um certificado de ações que vale muito dinheiro, pelo menos no papel. No entanto, não há como transformá-lo em dinheiro real se ninguém o comprar. Não importa se, supostamente, essas ações valem um milhão de dólares. Se não há como trocá-las por dinheiro, elas não servem para muita coisa.

As ideias de renda extra são como aquele certificado de ações. Elas têm o potencial de valor real — mas somente se você as trocar por dinheiro. Se não se saírem da sua cabeça ou das páginas do seu diário, o valor fica preso no mundo do potencial. Seu objetivo, como empreendedor de renda extra, é destravar esse potencial e começar a converter a ideia em lucro.

OK, VAMOS GERAR ALGUMAS IDEIAS!

Para entrar na mentalidade de encontrar as abundantes ideias lucrativas ao seu redor, vamos dar um passeio de carro imaginário e pensar que tipo de possibilidades podem aparecer. Ao longo do caminho, preste muita atenção no seu ambiente — nunca se sabe quando uma boa ideia pode surgir.

A primeira coisa a observar é que nós não somos os únicos na estrada. Quem são as outras pessoas dirigindo hoje e para onde estão indo? Estão a caminho do trabalho ou fazendo compras e resolvendo coisas? Aqui já é possível identificar várias opções.

Primeiro, todas essas pessoas precisam chegar a algum lugar. Se você tem um carro e mora numa cidade, pode se inscrever numa plataforma de transporte compartilhado e levá-las aonde precisam ir — mesmo que apenas por uma hora antes de entrar no seu trabalho. Esses serviços têm a vantagem de lhe permitir decidir exatamente quando e quanto quer trabalhar. (Observação: esta pode não ser a melhor ideia para você, mas falaremos disso daqui a pouco).

E aquelas pessoas que você vê pela janela que não estão dirigindo? Algumas talvez estejam passeando com seus cães, levando roupas para lavar ou carregando compras. Muitas podem estar dispostas a pagar uma boa quantia por uma ajuda nessas tarefas, e há vários serviços terceirizados em que é possível se inscrever hoje que o colocarão para trabalhar. Em geral, é possível estabelecer sua própria tarifa; à medida que sua reputação crescer, você terá mais trabalho e poderá cobrar mais. Ou você pode simplesmente começar seu próprio serviço, realizando tarefas por aí e recebendo um segundo ou terceiro salário no seu tempo livre.

Talvez você identifique uma fila na porta do restaurante local, ou um grupo de carros amontoados no acostamento, em frente a uma placa de um serviço completo de lava-carros. Se você seguir essa corrente de pensamento, perguntando *o que essas pessoas estão fazendo e do que elas precisam,* é provável que consiga identificar várias outras oportunidades:

- Faça *delivery* de café fresco para funcionários de escritórios sem cafeterias sofisticadas no prédio.
- Monte um serviço de lava-carros móvel (inclua uma placa: "*wi-fi* grátis enquanto espera").
- Crie um serviço de "organização da rotina" para ajudar pessoas ocupadas a planejarem a própria semana e a se tornarem mais eficientes na realização de tarefas.

Essas ideias são boas para começar — mas, com um olhar mais atento, você começará a identificar outras ainda melhores e mais lucrativas. Afinal, um projeto de renda extra não deve ser apenas mais um trabalho de meio período. Deve tornar sua vida mais fácil, e não mais difícil.

Aqui está um exemplo de negócio que foi além da "ideia inicial" de transportar pessoas ou lavar carros. Um dia, um *web developer* da Califórnia chamado Steven Peterson estava se deslocando para trabalhar na região da Baía de São Francisco, ao lado de dezenas de milhares de trabalhadores. O tráfego da Califórnia durante a hora do *rush* não é brincadeira, e muitos desses trabalhadores viviam numa busca constante de atalhos, dicas ou qualquer coisa que tornasse o trajeto um pouco mais rápido e fácil. Na época, não havia um único recurso através do qual fosse possível visualizar os padrões de tráfego e obter atualizações em tempo real sobre ônibus, obras nas estradas ou qualquer informação pertinente. Você vai ler a história completa do que aconteceu no Dia 17, mas a versão curta é que Steven construiu esse recurso, e agora ganha mais de 7.500 dólares por mês com ele.

Está vendo como funciona? Nesse caso, Steven combinou uma das suas habilidades (*web developer*) com uma clara necessidade (informação de tráfego em tempo real) que atendia a um grande e ativo mercado (os trabalhadores que se deslocavam todos os dias para São Francisco). Agora, Steven trabalha em tempo integral nesse projeto, e tudo começou com uma ideia que passou pela sua cabeça em seu trajeto matinal.

Agora é a sua vez. Tente aplicar esse modo de pensar em todos os lugares por onde andar. Sempre que encontrar grupos de pessoas, pergunte-se: *do que essas pessoas precisam ou o que desejam?* Enquanto vive o seu dia a dia, pergunte-se: *que oportunidades estão disponíveis para serem transformadas em lucros?* Em outras palavras, procure formas de transformar suas ideias em ativos valiosos.

DIFERENTES TIPOS DE PROJETOS DE RENDA EXTRA

De modo geral, existem três grandes categorias de projetos de renda extra. Você pode vender um produto, seja ele seu ou de outra pessoa, prestar um serviço ou ser um intermediário de algum tipo.

Vender um produto é bastante simples: você faz, compra ou adquire algo que depois vende a outra pessoa. Os produtos podem ser tangíveis (café *gourmet*) ou intangíveis (informações de trânsito). A questão é que algo é entregue, enviado ou, de alguma forma, transferido para outra pessoa. Fornecer um serviço também é muito simples: há algo que você faz para outro alguém em troca de um pagamento. Seja realizando tarefas, treinando vendedores ou ajudando a declarar impostos, quando você faz algo para outra pessoa, está no ramo de serviços.

Essas duas amplas categorias — vender um produto ou fornecer um serviço — têm algo importante em comum: clientes. Tudo que você aprenderá sobre criação de ofertas, comercialização e construção de uma base de clientes em longo prazo tem a ver com eles.

Há *também* outra categoria ampla de negócios que não tem a ver com a criação de um produto ou serviço; pelo menos, não diretamente.

Alguns negócios muito lucrativos têm a ver com "decodificação" ou aperfeiçoamento de um processo existente, aprimorando-o de uma forma que produza renda *sem criar um produto nem oferecer um serviço direto*. Por exemplo, no Dia 25, você vai conhecer a história de Trevor, um analista do governo que opera um projeto de renda extra bem-sucedido graças ao seu domínio de um programa de logística da Amazon.com. Ele simplesmente compra itens por um preço e os revende na Amazon por um preço mais alto. Em termos técnicos, Trevor possui clientes, uma vez que há pessoas reais comprando seus produtos — mas ele não tem ideia de quem são e, na maioria dos casos, elas também não têm ideia de quem ele é.

O negócio de Trevor existe em virtude de um mercado ineficiente. Os itens que ele compra (em geral, computadores e equipamentos eletrônicos) são vendidos a preços diferentes por diversos fornecedores. O objetivo de Trevor é comprar barato e vender caro — ou, pelo menos, vender por um valor mais alto do que pagou.

Se não houvesse diferenças no preço dos itens que Trevor compra para revender, ele não poderia obter lucro.

As habilidades necessárias para ter sucesso nesse tipo de negócio são diferentes daquelas exigidas nos negócios mais tradicionais, relacionados com produtos e serviços. Trevor não é necessariamente especialista em nada que vende; é um especialista na arte de revender, em conectar os vendedores certos com os clientes certos. Não há muito que Trevor possa fazer para melhorar seus produtos porque não é ele quem os fabrica. Também não pode prestar um serviço melhor porque não é ele quem faz o envio; ele não tem nem mesmo uma lista com nomes de clientes.

Mas o que ele pode fazer — e o modo como pode ganhar mais dinheiro — é continuar aperfeiçoando seu processo de pesquisa e sendo cada vez melhor em descobrir quais itens obter e revender. À medida que ganha mais experiência, descobre quais itens têm as melhores margens de lucro, assim como quais venderão mais rápido. Ele então se concentra na compra e revenda dos itens que se encaixam em pelo menos uma dessas categorias.

Projetos de renda extra como estes estão por toda parte. Por onde quer que o dinheiro circule, em geral, há pelo menos um jeito encontrado por um indivíduo criativo para tornar o processo mais eficaz e para lucrar com essa melhoria.[1]

IDEIAS INICIAIS *VERSUS* IDEIAS DE OUTRO PATAMAR (IOP)

Ao aprender a pensar mais sobre ideias de renda extra, você notará outras diferenças entre elas. Algumas são "iniciais" — não são ruins, mas têm sérias limitações. Depois, há as "ideias de outro patamar" (IOP), com muito mais potencial em longo prazo.

Em nossa viagem imaginária, mencionei o compartilhamento de carona, no qual, basicamente, você dirige seu próprio carro como se fosse um táxi. Muitas pessoas começam no projeto de renda extra dirigindo para Uber ou algum outro serviço de carona compartilhada. Não é um início ruim; você pode trabalhar quando quiser, e a maior parte do que ganhar é seu. Ainda assim, esses serviços também têm uma limitação severa: como você só ganha quando dirige, continua ganhando apenas um salário por hora, que é limitado pela demanda do mercado, pela concorrência dos outros motoristas e, é claro, pela sua própria oferta limitada de tempo livre.

No meu livro *Nasci para isso: Como encontrar o trabalho da sua vida*, contei a história de Harry Campbell, um motorista de Uber que criou uma comunidade *online* chamada *The Rideshare Guy* (em português, *O cara da carona compartilhada*). Em vez de apenas transportar pessoas o tempo todo, ele agora também ganha dinheiro treinando outros motoristas e atuando como comentarista especializado na cres-

---

1. Se você não tem uma ideia para algo nesta categoria, comece vendendo um produto ou prestando um serviço. Em geral, é mais fácil fazer um *brainstorming* de múltiplas ideias para negócios desses dois tipos.

cente indústria da carona compartilhada. É isso que chamo de uma ideia de outro patamar. Percebe a diferença? Como há novos motoristas se inscrevendo o tempo todo, a demanda do mercado de Harry é quase inesgotável.

Ideia inicial: Dirigir para a Uber
Ideia de outro patamar: Treinar outros motoristas de Uber

Para dar outro exemplo, quando comecei a empreender, há mais de duas décadas, coloquei vários itens para venda em *sites* de leilão *online*. Comecei oferecendo coisas aleatórias no meu apartamento das quais não precisava mais. Era divertido e lucrativo, mas havia uma grave limitação: mais cedo ou mais tarde, eu não teria mais nada para vender.

Então, aprendi a comprar itens em vários *sites* de leilão para depois revendê-los em outros, ganhando um lucro sobre a diferença de preço (como Trevor, no exemplo anterior). Essa era uma ideia mais sustentável, já que o meu estoque podia ser reabastecido e eu tinha a oportunidade de comprar diferentes tipos de itens.

Ideia inicial: Vender suas próprias coisas
Ideia de outro patamar: Comprar coisas de outras pessoas e revendê-las por um preço mais alto

Para quem está apenas começando, as ideias iniciais são ótimas. Se o seu objetivo nos negócios é ganhar uma bolada de uma vez só, talvez sejam tudo o que você precisa. Em algum momento, porém, é provável que queira mudar seu foco para as IOP. Se estiver em dúvida entre duas ideias e uma delas for uma IOP, é provável que esta última seja a melhor escolha. Se não tiver certeza de que sua ideia é uma IOP, questione se há um limite intrínseco ao número de clientes que pode atender ou se esse mercado pode ser reabastecido ao longo do tempo. (Leia mais sobre o tema na Semana 2).

ESTÁ SEM IDEIAS? CONSIDERE ESSAS!

As ideias de projetos de renda extra estão à sua volta, mas se precisar de ajuda, compilei uma lista inicial para você começar. Use-as como inspiração para criar algo seu, adapte-as às suas habilidades ou situação, ou simplesmente adote-as exatamente como estão.

✓ Venda sua arte, artesanato ou qualquer item artesanal no Elo7;
✓ Desenvolva um serviço de *concierge* de viagem para ajudar viajantes que perdem voos;
✓ Dê aulas *online* na sua área de especialização;
✓ Organize um evento de *networking* (cobre um ingresso barato e consiga patrocinadores para oferecer a comida);
✓ Crie e venda um guia da sua cidade para visitantes, ou construa um *site* ou outro recurso virtual para turistas, apoiado por anunciantes;
✓ Crie um curso *online* (ou *off-line*) em algum assunto singular que conheça bem;
✓ Publique um blog com uma nova aula sobre um tema específico todos os dias;
✓ Lance um *podcast* e venda patrocínio;
✓ Visite brechós ou bazares e compre itens baratos para revender;
✓ Ofereça um serviço simples como *freelancer* — desde verificação de fatos até suporte técnico ou qualquer outra coisa;
✓ Vire um organizador de casas, escritórios ou rotinas;
✓ Gerencie contas de assessoria de comunicação ou mídia social de pequenas empresas;
✓ Compre e venda livros didáticos usados para estudantes universitários;
✓ Venda suas reflexões sobre negócios, arte ou cultura como escritor *freelancer*;
✓ Lance um *site* por assinatura, no qual assinantes paguem uma taxa mensal ou anual para acessar informações úteis sobre um tópico específico;
✓ Escreva e publique um livro (se eu posso fazê-lo, você também pode!).

Observação: muitas dessas ideias não servirão para você, mas algumas talvez sirvam. Percorra a lista e selecione qualquer uma que lhe pareça promissora. O mais importante: esteja sempre atento a ideias viáveis, lucrativas e convincentes enquanto vive o dia a dia.

SUA VEZ: *BRAINSTORMING* DE PELO MENOS
TRÊS IDEIAS QUALIFICADAS

Na seção anterior, você viu como as ideias de alto potencial precisam ser viáveis, lucrativas e convincentes. Você aprendeu como pensar em muitas ideias diferentes e como distinguir entre as ideias iniciais e aquelas de outro patamar. Agora, usando tudo que aprendeu, faça um *brainstorming* e liste pelo menos três ideias de alto potencial.

Podem ser ideias nas quais você vem pensando há um tempo ou ideias que acabaram de surgir enquanto lia esses tópicos.

Você ainda não está assumindo nenhum compromisso; está apenas tirando as coisas da cabeça e colocando-as no papel para explorá-las ainda mais, à medida que avançamos. Se precisar de ajuda, pode pegar emprestadas, modificar ou simplesmente adotar uma ou mais ideias que já listamos.

Ideia 1: _____

Ideia 2: _____

Ideia 3: _____

O próximo passo envolve avaliar cada uma dessas ideias para verificar qual delas possui menos entraves para ser executada logo e qual apresenta o maior potencial de lucro. Se precisar voltar à fase de geração de ideias em algum momento, tudo bem. Mas agora que já selecionou três ideias, vamos seguir em frente e definir qual delas você transformará em ativo.

DIA 4

AVALIE OS OBSTÁCULOS E OPORTUNIDADES DE CADA IDEIA

Agora que você tem várias ideias na manga, vamos examiná-las com mais atenção para ver qual tem mais potencial.

Durante o dia, Joe Maiellano trabalha como diretor de desenvolvimento numa unidade de pesquisa de câncer na Filadélfia. Ele está na linha de frente da guerra contra o câncer, fazendo um trabalho importante para ajudar médicos e cientistas a aprender mais sobre o tratamento de doenças graves.

Joe gosta de passar o tempo livre com o amigo Jack. Ambos apreciam a "inebriante" cultura dos drinques e, há alguns anos, chegaram ao ponto de criarem juntos a própria receita caseira de gin (não foi preciso uma banheira). Então, um dia, provavelmente degustando sua obra, tiveram o que pensaram ser uma grande ideia: "Vamos abrir uma destilaria e vender nosso gin para o mundo".

Infelizmente, a ideia não tinha futuro. Quando analisaram as regras e regulamentos para operar uma destilaria, mesmo que pequena, descobriram que a burocracia seria um grande desafio. Agências municipais, estaduais e federais controlavam diferentes aspectos do comércio de álcool. Não era apenas de uma questão de papelada: Joe e Jack estimaram que os custos iniciais de tal empreendimento ficariam no patamar de 1 a 3 milhões de dólares.

Decepcionado, mas não demovido da ideia, Jack pensou em vender ao público as ferramentas para produzir o próprio gin na própria cozinha — um projeto que exigiria capital inicial muito menor. Como Joe e Jack não estariam vendendo álcool de fato, havia muito menos obstáculos no caminho, o que tornava a ideia muito mais viável num curto período.

Eles começaram montando 250 "kits de gin caseiro" no apartamento de 65m^2 de Joe, não tendo nenhuma ideia concreta de quem os compraria. Contudo, logo a notícia se espalhou. Graças a amigos e parentes, assim como a alguns *sites* que começaram a falar do produto, as vendas decolaram. Eles aperfeiçoaram a gestão, redesenharam o *site* e trabalharam no projeto durante as noites e fins de semana de folga. Ao longo de todo esse período, continuavam a trabalhar em seus trabalhos diurnos.

Em quatro anos, Joe e Jack venderam 75 mil kits. Grandes varejistas de artigos de cozinha os tinham em estoque. O *New York Times* publicou uma resenha positiva. Um amigo mencionou ter visto o kit na casa de uma grande celebridade. Para todos os efeitos, o negócio deles havia decolado.

Verdade seja dita, nem tudo é fácil no mundo do gin caseiro. À medida que o projeto de renda extra se tornou um verdadeiro negócio, não foram só a imprensa e os clientes satisfeitos que notaram seu sucesso. Uma série de imitadores começou a surgir, oferecendo essencialmente o mesmo produto. Alguns copiavam até mesmo o logotipo e o texto de apresentação da marca, com alterações mínimas. Era um incômodo, é claro, mas Jack e Joe reconheciam que isso fazia parte do pacote de criar um projeto tão viável, lucrativo e convincente.

No geral, os dois amigos que amavam coquetéis e investiram numa ideia maluca não poderiam estar mais felizes. Joe continua em seu trabalho diurno, mas agora também tem a segurança adicional de uma renda extra que, além de trazer dinheiro de verdade, lhe permite trabalhar em algo que de fato aprecia — o melhor dos dois mundos. Ele nunca abriu uma destilaria, mas o resultado acabou sendo muito melhor.

COMO IDENTIFICAR OBSTÁCULOS E OPORTUNIDADES

Na história do kit de gin caseiro, é possível ver com clareza os *obstáculos* que surgiram com a ideia inicial de abrir uma destilaria, junto com a *oportunidade* que também se apresentou. Se Joe e Jack tivessem prosseguido com o plano de produzir e vender álcool, poderiam ter obtido um bom lucro — mas teria sido uma tarefa muito maior e, também, muito mais arriscada. Como não tinham três milhões de dólares sobrando (um grande obstáculo), foram prudentes e abandonaram a ideia. No entanto, aquele *brainstorming* produziu outra ideia melhor (uma grande oportunidade, com menos obstáculos) na qual decidiram investir.

As ideias que você tiver também apresentarão obstáculos e oportunidades. Talvez você não consiga visualizá-los logo no início — Joe e Jack não perceberam como seria difícil abrir uma destilaria até começarem a analisar o processo — mas é importante identificá-los o mais rápido possível. Isso não quer dizer que qualquer oportunidade com obstáculos deve ser abandonada de imediato, mas sim que você deve pesá-los no contexto do potencial de lucro. Dessa forma, você não apenas selecionará a melhor ideia possível a seguir, mas também estará mais consciente dos obstáculos que precisa superar para concretizá-la.

Os fabricantes do kit de gin caseiro utilizaram duas estratégias simples, *brainstorming* e pesquisa, para eliminar a primeira ideia e buscar uma outra bem mais viável. Você pode usar as mesmas estratégias em seu próprio planejamento de negócios.

BRAINSTORMING. Só de aplicar um pouco de lógica, você deve ser capaz de identificar de imediato pelo menos alguns obstáculos e oportunidades inerentes ao seu serviço ou produto. Pergunte-se: *o que esse projeto teria de singular que seja bom? O que ele teria de singular que seja desafiador?* Se sua ideia é vender carrinhos de golfe lunares a astronautas, você deve entender de imediato que ela apresenta algumas restrições importantes: os astronautas são um mercado muito pequeno, é provável que os custos de produção sejam bastante altos, e será difícil chegar à lua e abrir sua loja.

Da mesma forma, se pensar em quem pode se beneficiar do seu produto e por quê, será fácil identificar as oportunidades. Em algum momento, Joe e Jack escolheram produzir algo que sabiam que poderia interessar a muitos fãs de drinques. O fato de eles *serem* seus próprios clientes-alvo ajudou-os a perceber que os kits dariam um ótimo presente. Não era necessariamente *fácil*, mas era uma oportunidade muito melhor.

PESQUISA. Identificar os obstáculos e oportunidades em sua ideia pode exigir uma pesquisa mais formal, mas você não precisa ir à biblioteca e passar os fins de semana afogado numa pilha de livros. O processo de pesquisa de Joe e Jack foi bastante simples: eles perguntaram por aí e consultaram alguns *sites* para conhecer melhor a legislação relacionada a bebidas alcoólicas. Ao mudar o foco para a ideia reformulada, a pesquisa consistiu apenas em explorar os custos e pensar em ideias criativas para comercializar os novos kits de fabricação de gin.

Com base na própria intuição e numa breve pesquisa, você será capaz de se colocar perguntas como estas e respondê-las:

- O que você precisará para começar e quanto custará?
- Quais são os potenciais obstáculos para o lançamento de sua ideia?
- Quão difícil será conseguir sua primeira venda?
- Alguém já fez algo assim antes?
- Se tudo der certo, qual é o melhor cenário possível?
- Se tudo der errado, qual é o pior cenário possível?

À medida que você afina suas ideias de projetos de renda extra, quanto mais puder aprender — e quanto mais perguntas como estas souber responder — melhores as suas chances de avançar com a ideia de maior potencial.

VAMOS AO TRABALHO!

Até agora, você já leu sobre várias ideias diferentes, incluindo projetos do mundo real e alguns cenários hipotéticos. Vejamos algumas outras ideias potenciais, desta vez considerando os obstáculos e oportunidades que cada uma delas apresenta.

IDEIA 1: AJUDAR FOTÓGRAFOS DE CASAMENTOS A EDITAR FOTOS.

> **Limitações:** Requer experiência e esforço manual contínuo (não pode ser automatizado); pode ser sazonal.
>
> **Oportunidades:** No mercado atual, os melhores fotógrafos de casamentos, além de serem muito requisitados, são bem pagos, o que significa que podem pagar por ajuda.

IDEIA 2: COORDENAR UMA REDE DE *PET SITTERS* NO SEU BAIRRO; GANHAR COMISSÃO EM CADA AGENDAMENTO.

> **Limitações:** Número limitado de cães; é difícil competir com a mão de obra barata.
>
> **Oportunidades:** Você não está realmente fazendo *pet sitting*, mas sim mediando clientes e prestadores de serviço, o que exige bem menos tempo (e também não envolve correr atrás de cães nem passear com eles na chuva).

IDEIA 3: CONSTRUIR UM PERFIL POPULAR NO PINTEREST (OU EM OUTRO SITE), GANHANDO COM ANÚNCIOS E PROGRAMAS DE REFERÊNCIA.

> **Limitações:** É difícil atingir um nível inicial de popularidade; o sucesso depende, em parte, do tamanho da rede.
>
> **Oportunidades:** Pode ser feito totalmente *online* de qualquer lugar; caso o perfil fique popular, é fácil expandi-lo com ajuda terceirizada.

Na etapa anterior, você selecionou pelo menos três ideias — ou talvez tenha pegado emprestado algumas ideias minhas. De qualquer forma, com base no que aprendeu, faça uma lista rápida dos obstáculos e oportunidades de cada ideia. Para cada ideia, considere o que o projeto tem de *singular e bom* e o que ele tem de *singular e desafiador*.

Ao entender como sua ideia será fácil ou difícil de implementar, você terá uma compreensão muito melhor de quais ideias arquivar e em quais investir. Em seguida, investigaremos o potencial de lucro de cada ideia. Não pule esta etapa: lucrar é ótimo!

DIA 5

CALCULE SEUS LUCROS NO VERSO DE UM GUARDANAPO

Para estimar o lucro do seu projeto de renda extra, você não precisa de um diploma em economia nem de uma calculadora científica. Você só precisa de um guardanapo, de uma caneta e do poder da observação.

Hoje em dia, o conceito de economia compartilhada está amplamente difundido. Você pode ser pago para emprestar um conjunto de ferramentas a um vizinho que nunca viu. Pode investir num projeto de financiamento coletivo organizado por estranhos em outro continente. Atualmente, vários serviços permitem que alugue seu carro por hora, dia ou semana a alguém que precise. Se você tem um carro que não utiliza todos os dias, essa é uma das maneiras mais fáceis de ganhar uma grana extra.

Em Los Angeles, Tahsir Ahsan levou essa ideia de negócios vários passos adiante. Após criar uma conta no Turo, serviço de economia compartilhada que atua como intermediário entre locatários e proprietários de automóveis, ele rapidamente aprendeu a otimizar seu preço e os detalhes do seu anúncio para atrair o máximo de locações possível de administrar. Em pouco tempo, seu carro estava sendo alugado numa média de 29 dias por mês — praticamente o tempo todo. Contabilizando seguros e outros custos, Tahsir estava ganhando mais de 1.300 dólares por mês apenas se comunicando com os locatários via e-mail e administrando a retirada ocasional do veículo no aeroporto.

Foi aí que ele decidiu levar a ideia para o próximo nível. Nessa situação, muitos de nós pensaríamos em alugar outro veículo, talvez até dois, se fôssemos ambiciosos, mas Tahsir decidiu *alugar uma frota inteira de carros* — dezesseis, para ser exato. Teve o cuidado de fixar um preço baixo nos primeiros aluguéis, para garantir que o carro fosse alugado com rapidez e gerasse resenhas positivas imediatas. Depois, elevou o preço aos poucos, à medida que a demanda por seus veículos crescia.

Ele também foi inteligente na seleção dos tipos de carro que alugava. Ao pesquisar, percebeu que as melhores oportunidades estavam tanto no segmento baixo (locatários em busca dos carros mais baratos) quanto no segmento alto (pessoas em busca de um bom carro ou de um SUV, talvez para um passeio de fim de semana ou para impressionar alguém num encontro romântico). Tahsir estruturou sua aquisição de carros de acordo com esses dados, escolhendo alguns carros caros e meia dúzia de carros mais baratos. Na verdade, ele conseguiu os carros mais baratos numa promoção incrível, quando o fabricante estava com estoque excessivo de um determinado modelo, o Chevrolet Cruze. "Imagine pagar 18 dólares por mês no *leasing* de um Chevy Cruze e alugá-lo a 35 dólares por dia", escreveu num post do seu blog. "Não precisa imaginar, porque é mais ou menos isso que estou fazendo".

Para que tudo funcionasse, Tahsir arranjou um sócio num estacionamento de uma companhia aérea que cuidaria de muitas retiradas e devoluções de locatários que visitavam a cidade. Passava muito tempo se comunicando com clientes, mas essa era a maior parte da sua carga de trabalho.

Fazer *leasing* de dezesseis carros pode parecer um investimento bastante arriscado para um projeto paralelo, mas quando Tahsir fez as contas com base na experiência inicial com um veículo, percebeu que teria lucro — ou, pelo menos, estava bastante confiante disso.

A EQUAÇÃO DO LUCRO

O segredo para obter lucro em qualquer negócio ou empreitada, seja uma renda extra com aluguel de carros ou uma corporação multinacional, resume-se a um princípio básico: não gaste mais do que ganha. Com esse princípio em mente, o lucro estimado para quase qualquer empreendimento pode ser calculado pela seguinte equação simples:

RECEITA ESPERADA – DESPESAS ESPERADAS = LUCRO ESTIMADO

Naturalmente, para saber "quanto posso ganhar com essa ideia", será preciso primeiro estimar receitas e despesas. Para chegar às estimativas de cada fator, em geral, você precisará identificar muitas outras variáveis. Usando o exemplo do aluguel de carros, digamos que você alugue um único carro (um projeto quinze vezes mais fácil do que alugar dezesseis carros). Para chegar a uma estimativa de rendimento previsto, você precisará calcular o melhor que puder estes dois fatores:

TAXA MÉDIA DE ALUGUEL DIÁRIO: quanto alguém paga para alugar o carro a cada dia

NÚMERO DE DIAS DE ALUGUEL POR MÊS: quantos dias por mês você alugará o carro

RENDA MENSAL DE ALUGUEL =
TARIFA DIÁRIA X NÚMERO DE DIAS DE ALUGUEL

Depois, você precisará calcular o melhor que puder as despesas mensais: *leasing*, seguro, manutenção, comissão do serviço e quaisquer outras despesas. Considere uma projeção básica com base no *leasing* de um único carro e no seu anúncio *online* de aluguel.

DESPESAS MENSAIS: *Leasing* + Seguro + Manutenção + Comissão

A fórmula de lucro final é simples:

RENDA MENSAL DE ALUGUEL — DESPESAS MENSAIS = LUCRO

Agora, vamos colocar as variáveis numa simples planilha de cálculo. Espere... alguém falou em planilha? Sim, mas não se preocupe. Escrever no verso de um guardanapo também funcionará; a planilha apenas facilita a matemática.[2]

PROJEÇÃO NO GUARDANAPO PARA LOCAÇÃO DE UM CARRO

Neste cenário, você poderia projetar com segurança uma receita mensal de pelo menos 300 dólares. Não importa o que esteja vendendo, se conseguir que a Equação de Lucro funcione, terá um negócio bem-sucedido. E ponto final!

ITEM	RECEITA OU DESPESA
Receita diária de aluguel (antes das despesas)	$40,00
Despesas por dia	$13,30
Receita diária de aluguel (lucro)	$26,70
Dias de aluguel por mês	20
Receita mensal (líquida)	$534,00

Observe que você pode mudar *qualquer variável* para afetar o resultado líquido de sua projeção. Se sua receita líquida diária de aluguel for $26,70 e você puder saltar de 20 para 25 dias de aluguel por mês, de repente estará ganhando um adicional de $133,50 por mês. Da mesma forma, se conseguir aumentar sua receita líquida diária de aluguel de

---

2. Entre no site SideHustleSchool.com para o download gratuito de uma planilha na qual você pode personalizar os números da sua renda extra. Traga seu próprio guardanapo!

$26,70 para $31,70 por dia, ganhará um adicional de $100 por mês, mesmo sem aumentar o número total de dias de aluguel.

PROJEÇÃO NO GUARDANAPO COM CINCO DIAS EXTRAS DE ALUGUEL

Neste cenário, ajustamos o número de dias de aluguel por mês, resultando numa renda adicional de 175 dólares por mês.

ITEM	RECEITA OU DESPESA
Receita diária de aluguel (antes das despesas)	$40,00
Despesas por dia	$13,30
Receita diária de aluguel (lucro)	$26,70
Dias de aluguel por mês	25
Receita mensal (líquida)	$667,50

PROJEÇÃO NO GUARDANAPO COM TAXA DE ALUGUEL 15% MAIOR

Neste cenário, ao ajustar a taxa média de aluguel, sua projeção aumenta $100,00 por mês.

Há muitas formas de brincar com estimativas. Os dois exemplos apresentados partem do princípio de que apenas uma variável mudou. Você poderia, porém, fazer melhorias *tanto* na taxa média de aluguel *quanto* no número de dias de aluguel por mês, e veria um aumento ainda maior no lucro. Ótimo!

No entanto, sua renda também poderia ser prejudicada pelo aumento das despesas. Talvez os custos de manutenção sejam mais altos que o esperado, o que reduziria os lucros. Ou talvez você só possa alugar por 18 dias por mês em vez de 20, o que afetaria a média diária, assim como o total mensal. Nesse caso, talvez você queira considerar um pequeno aumento da tarifa ou procurar outra forma de cortar despesas.

ITEM	RECEITA OU DESPESA
Receita diária de aluguel (antes das despesas)	$45
Despesas por dia	$13,30
Receita diária de aluguel (lucro)	$31,70
Dias de aluguel por mês	20
Receita mensal (líquida)	$634

Ao utilizar uma estimativa simples como essa para prever despesas e lucros, você será capaz de tomar decisões em relação ao negócio com muito mais confiança do que se apenas tentasse adivinhá-los.

E QUANDO VOCÊ NÃO SABE TODAS AS VARIÁVEIS?

Muitas vezes, sua análise no verso do guardanapo não será tão simples quanto o exemplo apresentado. Mesmo com a frota de dezesseis carros alugados, Tahsir conseguiu projetar seu faturamento com grande precisão. Isso porque havia poucas informações ocultas nesse cenário. Ele sabia quanto custariam os *leasings* e os seguros. Também tinha uma estimativa muito boa da receita mensal, com base numa taxa média de aluguel por dia, bem como no número médio de dias por mês em que cada carro poderia ser alugado.

Contudo, nos casos em que você *não tem* todas as informações, será preciso trabalhar um pouco mais para descobrir *o que* tornará sua renda extra lucrativa.

Digamos que você queira dar aulas. A sua aula será sobre um tema que você domina muito bem — observação de pássaros ou astronáutica, talvez. Você não tem certeza de quanto deve cobrar pela aula (no Dia 12, você aprenderá a estipular o preço de sua oferta com base na sua receita mínima aceitável), mas está considerando algo na faixa de 49 a 79 dólares. As aulas serão realizadas no porão de um amigo, de modo que você praticamente não terá despesas.

Para descobrir o potencial de lucro desse negócio, os únicos fatores a considerar são o custo da aula e o número de inscrições. A fórmula seria a seguinte:

(PREÇO) X (Nº DE INSCRIÇÕES) = LUCRO ESTIMADO

Como a decisão sobre o que cobrar depende apenas de você, o principal fator "desconhecido" nesse cenário é o número de pessoas que você acha que pode atrair para se inscrever. Mas como chegar a essa estimativa? Como já identificou suas limitações e oportunidades intrínsecas, você poderá dar um palpite geral. Por enquanto, decida qual seria o menor número de alunos, cobrando o menor valor de hora-aula que aceitaria, para que a aula valesse a pena para você. Se puder ter mais alunos (ou cobrar mais), ótimo, mas use o número mínimo de alunos como base.

FAÇA UMA SÉRIE DE PROJEÇÕES

Como saber se suas projeções são precisas? Na maior parte do tempo, você não saberá até lançar o produto/serviço e ver a reação das pessoas. Portanto, a menos que esteja confiante de que pode prever com precisão tanto (a) sua receita líquida (preço menos despesas) quanto (b) quantos clientes terá, não faça apenas uma única projeção. Além da original, faça uma projeção "otimista", com base em resultados fortes, bem como uma projeção "conservadora", com base em resultados fracos. Você não terá o triplo do trabalho para fazer essas estimativas; em geral, é possível chegar às projeções otimistas e conservadoras mudando uma única variável. No exemplo do aluguel de carros, seria preciso apenas ajustar o número de dias por mês em que um veículo típico seria alugado.

ESTIMATIVA ORIGINAL: 25 dias por mês
ESTIMATIVA CONSERVADORA: 21 dias por mês
ESTIMATIVA OTIMISTA: 28 dias por mês

Da mesma forma, na aula de observação de pássaros, sua projeção mudará com base no número de alunos, no preço cobrado pela aula ou em ambos. Vamos usar a fórmula para considerar uma série de resultados:

FAIXA DE PREÇOS COM CINCO ALUNOS ($49, $59, $79)

Neste cenário, ajustamos o custo da aula. O número de alunos permanece o mesmo, mas seu lucro aumenta porque cada aluno paga mais.

CUSTO DA AULA	$49	$59	$79
Nº DE INSCRITOS	5	5	5
LUCRO ESTIMADO	$245	$295	$395

PREÇO FIXO COM VARIAÇÃO NO NÚMERO DE ESTUDANTES (5, 10, 15)

Neste cenário, ajustamos o número de alunos inscritos na aula. Note que, mesmo mantendo o custo da aula em 49 dólares, você acabará ganhando mais apenas por ter mais alunos.

CUSTO DA AULA	$49	$49	$49
Nº DE INSCRITOS	5	10	15
LUCRO ESTIMADO	$245	$490	$735

Como no caso da frota de carros de aluguel de Tahsir, você também pode ajustar mais de uma variável de cada vez. Se você cobrasse 59 dólares em vez de 49 dólares *e* aumentasse o número de alunos de 5 para 10, por exemplo, seu lucro estimado para a aula aumentaria de 245 dólares para 590 dólares.

NÃO ESPERE PARA DESCOBRIR como um projeto renderá dinheiro

Você já ouviu a piada sobre o bar no Vale do Silício, o polo onde surgiu a cultura das *startups*? Um bar abre e fica absurdamente famoso — mais ou menos. Um milhão de pessoas entram nele, mas não compram nada. O bar declara, então, ser um grande sucesso, e os fundadores pulam fora, vendendo a empresa a um grupo de investidores.

É uma boa piada que reflete uma péssima experiência comercial. Não importa quantas pessoas entrem no seu bar; o que importa é quantas pessoas compram alguma coisa. Uma *startup* superfinanciada pode ser flexível com a lei central da economia (a de não gastar mais do que ganha), mas, no caso de um projeto de renda extra, essa não é uma estratégia vencedora.

O negócio paralelo precisa ter um plano claro para render dinheiro. Não coloque essa exigência de lado nem deixe para "pensar nisso mais tarde". Tudo bem fazê-lo como um *hobby*, mas não com um projeto de renda extra.

Se, a esta altura, você ainda estiver analisando várias ideias, o ideal é fazer alguns cálculos de lucro para cada uma delas. Não se preocupe em ser preciso; o objetivo é *comparar o potencial de lucro de várias ideias* para verificar em qual delas vale mais a pena investir.

Qualquer ideia que não tenha um caminho provável para o lucro deve ser abandonada. Dinheiro não é tudo, mas, quando se trata de um projeto de renda extra, é muito importante.

RECAPITULAÇÃO DA SEMANA 1

Depois de ler os passos desta semana, você deve ter várias ideias potenciais em mente para o seu projeto de renda extra. Você já deve ter pesado as limitações e oportunidades e calculado o potencial de lucro de cada uma delas. Se ainda não tiver nenhuma ideia, leia os primeiros cinco dias mais uma vez. Na Semana 2, decidiremos qual dessas ideias deve ser transformada em ação; por isso, passe para a próxima seção somente quando tiver várias ideias que possam ser comparadas e hierarquizadas.

PONTOS-CHAVE

- O dinheiro cresce em árvores, sim, mas você precisa plantar as sementes certas. Comece a perceber oportunidades potenciais por onde passar.
- Nem todas as ideias de negócios estão em pé de igualdade. Para obter melhores resultados, suas ideias devem ser viáveis, lucrativas e convincentes.
- Ideias iniciais são boas por um tempo, mas em algum momento você vai querer fazer a transição para as ideias de outro patamar (IOP).
- Use a análise financeira do verso do guardanapo (ou uma simples planilha) para estimar o lucro de sua ideia antes de prosseguir.

SEMANA 1: CONSTRUA UM ARSENAL DE IDEIAS

Dia 1: Antecipe o futuro

Dia 2: Aprenda como o dinheiro cresce em árvores

Dia 3: Faça *brainstorming*, pegue ideias emprestadas ou adote-as

Dia 4: Avalie os obstáculos e oportunidades de cada ideia

Dia 5: Calcule seus lucros no verso de um guardanapo

SEMANA 2

SELECIONE SUA MELHOR IDEIA

Munido de ideias múltiplas, você precisa ser capaz de identificar as melhores. Aprenda a classificar e comparar ideias num piscar de olhos para ter a confiança de agir maximizando suas chances de sucesso.

SEMANA 2: SELECIONE SUA MELHOR IDEIA

Dia 6: Use o Seletor de Projetos para comparar ideias
Dia 7: Vire um detetive
Dia 8: Tome um café imaginário com seu cliente ideal
Dia 9: Transforme sua ideia numa oferta
Dia 10: Crie sua história de origem

DIA 6

USE O SELETOR DE PROJETOS PARA COMPARAR IDEIAS

> *Quando você começa a pensar em rendas extras, as ideias não param de surgir. Esta ferramenta mostrará como aplicar a lógica "Tinder para Negócios" para escolher a melhor ideia a qualquer momento.*

Há quase 100 anos, a primeira escola Waldorf foi inaugurada em Stuttgart, na Alemanha. Foi uma novidade na época e, de certa forma, ainda é: o método enfatiza o papel da imaginação no aprendizado e incentiva os professores a fomentar o pensamento criativo, bem como o analítico. O ritmo de aprendizagem é definido de acordo com as etapas de desenvolvimento, além das notas habituais dadas em sala de aula. Desde então, o modelo Waldorf se espalhou pelo mundo, com milhares de escolas operando em mais de 60 países.

Meredith Floyd-Preston é uma orgulhosa professora da Waldorf no Oregon. Durante anos, ela mergulhou no estudo e no desenvolvimento do currículo mais eficaz para seus alunos. Ela também se tornou um recurso confiável para outros professores, em especial os novos, ainda não habituados à abordagem inovadora exigida pelo método. Todo esse trabalho árduo a levou à seguinte observação: criar aulas personalizadas demanda muito tempo. Um elemento-chave da abordagem

Waldorf é que, em vez de seguir um livro didático, o professor prepara o próprio conteúdo — o que, para professores ocupados, pode ser incrivelmente demorado e enfadonho.

Ao procurar formas de aliviar essa carga de trabalho, tanto para ela mesma quanto para seus colegas, Meredith notou que alguns recursos curriculares estavam disponíveis para compra, mas somente para escolas, não para professores. Além disso, o método Waldorf ficava cada vez mais popular dentro do movimento do *homeschooling* (ou ensino doméstico), mas os pais responsáveis por esse tipo de ensino não costumavam receber o mesmo treinamento que os instrutores credenciados, contando com ainda menos acesso a fontes de recursos educacionais.

Meredith estava em busca de um projeto de renda extra. No tempo livre, ela tricotava e fazia *web design*, sendo, portanto, boa em trabalhar em vários projetos ao mesmo tempo. Ela pensou, então, que ajudar seus colegas professores e pais que praticavam o ensino doméstico a economizar tempo e dar aulas melhores não era apenas um objetivo nobre; poderia ser também lucrativo.

Para escolher a abordagem correta, foi preciso alguma análise. Pensou em oferecer sessões de consultoria ou *coaching*, mas não parecia viável. Os professores eram muito ocupados (e por isso precisavam de ajuda), mas Meredith também era, e as sessões individuais de *coaching* envolviam um enorme compromisso de tempo. Também pensou em criar uma oficina ao vivo, o que lhe permitiria alcançar mais professores de uma só vez, mas o potencial de lucro ainda seria baixo, já que só poderia estar num lugar de cada vez. A terceira opção, criar guias curriculares para compra *online*, era a mais atraente. Como os guias seriam baratos, ela não ganharia muito nas vendas individuais; no entanto, eles eram bem mais escaláveis, e o que faltava em margem de lucro poderia ser compensado em volume. Além disso, uma vez que os guias estivessem completos e disponíveis *online*, praticamente toda a receita seria lucro.

Decidiu ir em frente. Depois de criar os guias e compilá-los num simples formato PDF, disponibilizou-os *online* e avisou discretamente às pessoas. Quando a resposta inicial se mostrou favorável, começou a pensar em criar uma série inteira de documentos de planejamento para vender, outro projeto que exigiria esforço no início, mas que depois seria pura vantagem, sem exigir mais trabalho.

Meredith havia encontrado uma abordagem viável, lucrativa e convincente. Uma vez que, todos os anos, novos professores adotavam a abordagem Waldorf, havia uma oferta praticamente inesgotável de clientes. Para Meredith, esse projeto paralelo era perfeito.

"TINDER DE PROJETOS DE RENDA EXTRA"

Estima-se que o mundo dos *sites* de relacionamentos seja uma indústria de dois bilhões de dólares por ano. Com tanto em jogo, não é nenhuma surpresa que os *sites* de encontros mais bem-sucedidos invistam muito dinheiro no aperfeiçoamento de seus algoritmos de "correspondência". Eles sabem que a pessoa em busca de um parceiro, seja para a vida toda ou para algo em curto prazo, não quer uma seleção aleatória de pessoas desinteressadas ou desinteressantes — quer uma seleção limitada de pessoas que *de fato poderiam ser boas para ela*. Essas empresas prosperam quando oferecem combinações ideais, e não apenas um conjunto infinito e não filtrado de estranhos. Não se trata de ter *mais opções*; trata-se de encontrar *melhores combinações*. Como você pode aplicar a lógica do Tinder ao planejamento do seu projeto de renda extra? Olhando para muitas ideias, rejeitando a maioria, flertando com algumas e, em seguida, selecionando para uma fase experimental a opção mais atraente e bem fundamentada. Na primeira seção, você aprendeu como gerar ideias. Agora, você aprenderá um algoritmo simples para comparar essas ideias e encontrar sua combinação ideal. Felizmente, costuma ser muito mais fácil que encontrar sua alma gêmea.

O SELETOR DE PROJETOS:
COMO CLASSIFICAR E COMPARAR SUAS IDEIAS

Se você já sabe qual projeto de renda extra escolherá e com o qual se comprometerá durante os próximos 27 dias, ótimo! No entanto, como uma parte fundamental do empreendedorismo consiste em fazer *brainstorming* e gerar múltiplas ideias, ainda vale a pena aprender a comparar ideias em busca da melhor possível para o seu momento atual.

Na primeira semana, você aprendeu sobre viabilidade, rentabilidade e persuasão, três qualidades essenciais para rendas extras de sucesso. Uma atualização rápida:

> **Viabilidade:** capacidade de começar a transformar a ideia em ação num curto período.
> **Rentabilidade:** potencial para ganhar dinheiro com essa ideia, também em pouco tempo.
> **Persuasão:** essa ideia não é apenas boa, mas é uma ideia boa *agora*.

Para reduzir ainda mais nossa lista, vamos acrescentar mais duas qualidades:

> **Eficiência:** com que rapidez a ideia pode ser implementada?
> **Motivação:** o quanto você está entusiasmado com essa ideia?

Tempo é importante porque é escasso — portanto, é melhor escolher a ideia mais eficiente possível. Em segundo lugar, a motivação também importa. Seu projeto de renda extra deve ser, no mínimo, um pouquinho divertido, mas de preferência muito. Não pode ser algo que deixe você esgotado. Deve ser algo pelo qual você anseia, não que você teme ou enxerga como obrigação.

Para fazer uma comparação imediata entre múltiplas ideias, basta aplicar uma classificação Alta, Média ou Baixa a cada uma dessas cinco qualidades. É simples: com base nas informações disponíveis, pergunte-se quantos pontos a ideia tem em relação a cada qualidade. Em seguida, preencha os espaços em branco numa tabela como a seguinte:

SUA IDEIA AQUI			
	Alta	Média	Baixa
Viabilidade			
Persuasão			
Potencial de lucro			
Eficiência			
Motivação			

Como no caso da estimativa de lucro no verso do guardanapo, esta análise pode ser feita muito rapidamente. Talvez você tenha que preencher com palpites algumas das classificações, por não ter acesso a todas as informações com antecedência, mas não há problema. O objetivo é comparar várias ideias para ver se surge uma vencedora óbvia. Se uma ideia tiver uma pontuação alta na maioria das qualidades, trata-se de uma boa indicação de que ela deve ser a escolhida.

Vamos usar a história de Meredith como um caso piloto para entender de modo exato como funciona o Seletor de Projetos. Ela já havia identificado uma clara necessidade: ajudar os professores da Waldorf a economizar tempo e melhorar o ensino. Como adorava preparar aulas, ela também era altamente qualificada para atender a essa necessidade. Mas *como* fazer isso? Várias oportunidades eram possíveis: sessões de *coaching* presencial, oficinas ao vivo e guias de recursos curriculares (ideia que, por fim, adotou).

Por uma questão de simplicidade, imagine que Meredith estava dividida entre as sessões de *coaching* presencial e os guias de recursos curriculares. Usando o Seletor de Projetos, ela poderia comparar e contrastar as duas ideias com rapidez. A primeira seria a seguinte:

IDEIA 1: COACHING PRESENCIAL PARA PROFESSORES			
	Alta	Média	Baixa
Viabilidade		x	
Persuasão			x
Potencial de lucro	x		
Eficiência			x
Motivação		x	

Meredith sabia que era uma autoridade qualificada no mundo da educação Waldorf. Sabia também que os professores precisavam de ajuda, o que tornava sua ideia altamente convincente. Ao pensar em tudo que envolvia a primeira ideia, uma série de sessões de *coaching* presencial, Meredith percebeu que, na verdade, não era algo viável. O compromisso de tempo seria alto (as sessões seriam presenciais) e sua agenda já era lotada. Além disso, o potencial de lucro era baixo, pois só podia realizar um número limitado de sessões e não queria cobrar caro dos professores. Por fim, o fato de que só poderia conduzir uma sessão por vez tornava tudo bastante ineficaz. Quanto à motivação, pode não ter sido a ideia mais incrível que já teve, mas ela estava animada e empenhada em concretizá-la.

Agora vamos observar a mesma análise da ideia do guia curricular.

IDEIA 2: VENDA DE GUIAS DE CURRÍCULO			
	Alta	Média	Baixa
Viabilidade	x		
Persuasão	x		
Potencial de lucro		x	
Eficiência	x		
Motivação		x	

Para uma rápida comparação, vamos supor que vários fatores eram equiparáveis na segunda ideia: ambas eram igualmente convincentes e Meredith estava razoavelmente motivada para cada uma delas. Na segunda, porém, havia três fatores-chave diferentes: como os guias seriam vendidos *online* a qualquer um que precisasse, o potencial de lucro era maior — e, uma vez que os guias fossem produzidos, o tempo necessário para administrá-los era irrisório. Assim, essa não era apenas uma ideia mais eficiente, e sim mais viável, dadas todas as outras demandas que ocupavam o tempo de Meredith. Com três notas na categoria "alto", a ideia dos guias de currículo foi, claramente, a vencedora.

É possível personalizar a ferramenta básica Seletor de Projetos de diferentes modos. Uma opção é comparar certas variáveis com base no que é mais importante no momento. Por exemplo, se no momento o lucro é o fator mais importante, você poderia atribuir-lhe o dobro do valor. Para uma análise mais precisa, você também poderia classificar as qualidades numa escala de 1 a 10 em vez de Baixa, Média e Alta. O importante é ser consistente para não acabar comparando maçãs com laranjas. Lembre-se: o objetivo é classificar e comparar diferentes ideias e, em seguida, selecionar a melhor candidata.

CONTINUA INDECISO? LEIA ISTO

Se você é como eu, às vezes pode ter dificuldade para escolher entre todas as diferentes ideias de projetos de renda extra. Quero experimentar todas! Para evitar a paralisia na tomada de decisões, lembre-se destas três diretrizes.

1. Você não está tomando uma decisão para toda a vida, mas procurando a ideia certa no momento certo. Guarde todas as outras ideias para mais tarde — você pode acabar retornando a elas em algum momento.

2. Não perca essas outras ideias de vista, mas nunca guarde sua *melhor* ideia para mais tarde. Use a ferramenta seletora para descobrir qual é a ideia mais forte e com maior potencial, e vá em frente com ela.

3. Se, depois de toda a análise, você ainda não conseguir decidir, escolha simplesmente o que parece certo no momento. Quando se trata de um projeto de renda extra, a ação é quase sempre melhor que a inação. Mesmo que você acabe mudando de rumo mais tarde, ainda está construindo habilidades e ganhando uma experiência valiosa.

O caminho da paralisia, quando se trata do seu projeto, é cheio de boas intenções. Não fique preso nele — escolha uma ideia e continue caminhando.

CHECKLIST FINAL PARA SELECIONAR A IDEIA

Se sua cabeça ainda estiver zumbindo com ideias, isso é bom, mas melhor ainda é transformar sua melhor ideia numa realidade lucrativa. A partir de tudo que você leu ou pensou até agora, selecione sua melhor ideia. Abandone ou coloque de lado as outras ideias por enquanto. Estamos avançando com a melhor opção possível.

Você está quase pronto para começar a trabalhar no seu projeto de renda extra? Vamos recapitular e descobrir.

- ✓ Você tem uma ideia que pode ser explicada em linguagem muito simples?
- ✓ A ideia é viável, lucrativa e convincente?
- ✓ Está claro para você como a ideia vai trazer dinheiro?
- ✓ Você fica empolgado ao pensar nessa ideia?

O ideal é que você consiga responder "sim" a cada uma dessas perguntas, ou pelo menos à maioria. Se ainda não tiver chegado lá, continue pensando e avaliando as diferentes opções. Suas chances de sucesso serão muito maiores se estiver preparado para arregaçar as mangas e começar a trabalhar em sua ideia logo após completar essa etapa. É hora de começar a transformar essa ideia em ação.

DIA 7

VIRE UM DETETIVE

> *À medida que você avança com uma ideia, dê uma olhada no que os outros estão fazendo. Depois, faça melhor — ou, pelo menos, de um jeito diferente.*

Quando Andrea Hajal saiu da Espanha, onde nasceu, para o Texas, ganhou o amor da sua vida, mas deixou para trás seus amados bichinhos de estimação. Seu noivo era dos Estados Unidos e, depois de viajarem juntos por alguns anos, decidiram se casar e se estabelecer em Austin. Andrea gostava de seu trabalho como nutricionista, mas sua verdadeira paixão eram os animais, em especial os cães. Um dia, quando ela e o noivo se hospedavam num apartamento alugado numa viagem ao Canadá, ela teve uma ideia: "E se houvesse algo como o Airbnb, mas para cães? Para que os donos pudessem viajar e deixar os cães num lugar melhor que um canil?" Um ano depois, ela tropeçou no Rover.com — um serviço que fazia exatamente o que ela havia descrito, oferecendo uma plataforma onde anfitriões amantes de animais podiam alugar uma cama de cachorro extra para hóspedes caninos.

Animada, Andrea criou um perfil, anunciando sua casa como um lugar em que cães de todas as raças eram bem-vindos. Ela adorava cuidar de cães, mas também tinha conhecimento suficiente de negócios para reconhecer que, com dezenas de outros anfitriões competindo por reservas, suas habilidades no cuidado de animais, por si sós, não seriam suficientes para transformar essa empreitada num projeto de renda extra de sucesso. Então, deu início a um pequeno trabalho de detetive: estudou com cuidado os perfis e resenhas de outros anfitriões, prestando muita atenção no que os mais bem-sucedidos faziam de diferente dos demais.

Logo de cara, percebeu que os anfitriões mais populares não tinham apenas uma, mas várias fotos em suas páginas de perfil. Então, ela foi além, colocando mais de cinquenta fotos de si mesma brincando com dezenas de cães diferentes. Em pouco tempo, conseguiu sua primeira reserva, depois outra, e muitas mais. Depois que seus clientes (os donos, não os cães) postaram boas resenhas, ela começou a obter reservas quase todos os dias. O projeto de renda extra tornou-se uma forma de desfrutar de novo da companhia de cães, algo que havia perdido desde que saíra da Espanha. A atividade também rendeu uma média de 80 dólares por dia, e às vezes até 200 dólares por dia nas semanas de férias — nada mal para um trabalho em meio período.

MISSÃO DE RECONHECIMENTO

Antes de escolher um local de varejo para um novo café ou loja, a maioria dos aspirantes a proprietários de negócios fazem uma pesquisa detalhada do local. Como é a vizinhança? Onde as pessoas se reúnem? Onde elas gastam dinheiro?

É provável que o proprietário de um novo café não queira abrir o negócio num bairro pequeno que já tenha três cafeterias na mesma rua. São estabelecimentos demais! No entanto, ele tampouco quer ter o único café da região. Nem sempre é bom ser o pioneiro; às vezes, é melhor ir onde as pessoas já estão.

Como futuro proprietário do café, você deve fazer um trabalho de reconhecimento do cenário competitivo antes de se comprometer com sua ideia. Reserve um tempo para entender seu novo bairro e pense em que local poderá construir um lar para si mesmo.

Sua missão de reconhecimento não precisa ser complicada. Basta descobrir duas coisas:

1. Quem mais está oferecendo o mesmo produto, serviço ou algo semelhante?
2. Como a sua ideia será melhor ou diferente?

O que você planeja oferecer já existe de alguma forma? Se sim, aprenda o máximo possível sobre os negócios existentes. O que eles fazem de certo *e* de errado?

Em seguida, você deve identificar algo que possa fazer de um jeito melhor ou diferente da concorrência. Você não precisa ser melhor em *tudo* — na verdade, dificilmente será. Quando observar os concorrentes de perto, porém, poderá notar coisas que eles não perceberam ou simplesmente não tiveram tempo de abordar. Por exemplo, quando Andrea montou seu "Airbnb para cães", percebeu que os anfitriões mais populares da Rover.com tinham várias fotos bonitas em seus perfis. Você pode pensar que ela exagerou ao postar mais de cinquenta fotos brincando com dezenas de amigos peludos, mas para quem está escolhendo anfitriões de cães, o simples fato de Andrea estar motivada o suficiente para postar o máximo de fotos possível conta como um ponto enorme a favor.

Da mesma forma, Andrea notou que a plataforma incentivava os anfitriões a enviarem fotos dos cães aos seus donos, enquanto estes estavam longe. A plataforma também rastreou e postou a frequência com que isso ocorria, assim como o tempo médio de resposta dos anfitriões às perguntas dos donos sobre seus animais. Essa observação resultou em mais dois objetivos: Andrea visaria uma taxa de envio de fotos de 100% e um tempo de resposta muito rápido, de até uma hora. Ao prestar atenção nesses objetivos, com o tempo, ela decolou até o topo da lista, aparecendo com frequência nos cinco primeiros lugares entre mais de quarenta anfitriões potenciais na região.

SIGA O DINHEIRO

Quando já existem outros empreendimentos no mesmo campo em que você está ingressando, em geral é possível fazer coisas simples para descobrir mais sobre como eles atuam. Você pode visitar os *sites*, ler as opiniões dos clientes, conferir postagens dessas empresas nas mídias sociais ou até experimentar o produto ou serviço. Em alguns casos, porém, talvez você tenha um maior trabalho de detetive para descobrir quanto esses negócios estabelecidos custam para funcionar e quanto rendem. Na primeira vez em que fui vendedor em leilões *online*, prestei atenção aos tipos de itens que eram vendidos repetidamente. Em seguida, localizei os atacadistas ou distribuidores desses itens e pedi informações sobre seus preços. A partir daí, ficou muito fácil perceber o que vendia e por quanto era vendido, mas também qual era o preço original para o vendedor. Se alguma oportunidade parecesse lucrativa, eu faria então um pedido ao atacadista e criaria minhas próprias ofertas de venda.

É claro que nem sempre é assim tão simples. Quando você "segue o dinheiro", seu objetivo não é apenas determinar mais ou menos o quanto uma ideia é lucrativa e viável, mas também o que seus concorrentes estão fazendo para ganhar dinheiro. Então, basta descobrir *como adotar a estratégia deles e aperfeiçoá-la.*

Quando Andrea prestou atenção à lista de anfitriões mais populares, além de descobrir que o tempo médio de resposta era essencial, também percebeu que os anfitriões bem-sucedidos não se limitavam a hospedar os cães — eles também estavam disponíveis para outros serviços, como visitas e passeios com cães enquanto os donos trabalhavam. Ela acrescentou esses serviços à sua lista e viu sua receita semanal aumentar em 20%.

VALIDE UMA IDEIA COM 50 REAIS E UMA CONTA NO FACEBOOK

Você tem 50 reais? Alguma vez usou o Facebook? Acredito que há 99% ou mais de chances de que sua resposta a ambas as perguntas seja sim. Se tiver uma grande ideia e quiser um *feedback* do mundo real (e não apenas de seus amigos) antes de avançar, você pode montar um anúncio e observar como as pessoas respondem a ele. Não precisa alugar um *outdoor* — com o Facebook, você pode anunciar em menos de uma hora e por apenas 50 reais.

No Anexo 2, há um plano de dez passos explicando como esses anúncios funcionam. Os detalhes são um pouco técnicos, por isso incluí também um *link* com capturas de tela.

E SE A IDEIA FOR PIONEIRA?

Mesmo que o seu projeto de renda extra seja totalmente novo e não haja como compará-lo a nada, ainda é possível encontrar formas de fazê-lo se destacar. Quando estiver criando ou oferecendo algo nunca antes feito, é importante garantir que seja algo muito fácil de explicar e entender. Convencer as pessoas a comprar algo de que nunca ouviram falar e que não sabiam que precisavam é um desafio, então você terá uma *grande* vantagem se seu conceito for cristalino e fácil de entender.

Considere alguns exemplos, todos tirados da pesquisa para este livro:

- Kit de gin caseiro (ver Dia 4)
- Placas decorativas esculpidas à mão no formato do estado da Pensilvânia (ver Dia 21)
- Confeitos em forma de coração personalizados (ver Dia 11)

Por mais diferentes que sejam, esses conceitos têm duas qualidades importantes em comum. Primeiro, são *simples*. Com uma única frase, ou mesmo apenas algumas palavras, é possível saber exatamente o que são. Segundo, todos esses itens têm um benefício evidente: são divertidos. Isso é fundamental, porque as pessoas são naturalmente resistentes a gastar dinheiro quando não veem utilidade naquela compra. De fato, você não *precisa* de nenhum deles — é provável que a vida siga seu curso normal se você não fizer gin na sua banheira, por exemplo. Mesmo assim, essas ofertas continuam convincentes porque havia um benefício imediato e compreensível para os potenciais compradores.

Não foi tão difícil para Andrea colocar seu "Airbnb para cães" para funcionar — ela conseguiu sua primeira reserva de creche para cães em uma semana. Mas, em seguida, ela foi além, fazendo tudo que podia para causar a melhor impressão possível nos potenciais clientes. Continuou postando muitas fotos e respondendo rápido às perguntas, em especial porque isso contribuía para tranquilizar os donos, mas também com um olho no algoritmo da plataforma, que recompensava o envolvimento mais ativo.

Esse tipo de atenção aos detalhes, a partir de suas observações do motivo pelo qual alguns anfitriões se saíam bem melhor que outros, fez com que ela se destacasse. Em pouco tempo, construiu uma base forte de seguidores em toda a região, com boas críticas de todos que a contrataram. Quando foi passar um mês na Espanha visitando sua família, desligou a conta, voltando a ligá-la quando voltou — e conseguiu três novas reservas no primeiro dia. Seus clientes tinham sentido sua falta e ela voltou rápido para o topo das listas locais. O Airbnb para cães estava aberto ao público novamente.

DIA 8

TENHA UM CAFÉ IMAGINÁRIO COM SEU CLIENTE IDEAL

> *Há alguém lá fora que se encaixa no perfil do seu cliente-alvo. O que você pode aprender com ele?*

Dia após dia, Shannon Mattern saía da cama e se arrastava para um escritório opaco e sem janelas, dominado por variações de bege. Paredes beges, uma escrivaninha bege e o que parecia ser uma vida bege. Muitas vezes se sentia esgotada, deprimida e aprisionada pelo trabalho em tecnologia da informação. Shannon precisava de uma mudança e sabia que isso não cairia do céu. Se quisesse mudar, precisaria parar de reclamar e começar a agir.

Um dia, enquanto preenchia o temido relatório mensal que precisava estruturar, notou que um *site* do Wordpress que construíra para seu empregador havia arrecadado 7 mil dólares em volume de negócios naquele mês. Sabia que poderia montar um *site* semelhante em menos de uma semana — mas quem a contrataria?

Em seu emprego, Shannon era a guru da tecnologia, construindo *sites* ao longo da maior parte dos últimos oito anos. Percebera que muitas pessoas tinham ideias de negócios interessantes, mas faltava-lhes a habilidade de montar um *site* convidativo para atrair clientes. A partir dessa observação, nasceu uma ideia para um projeto de renda extra.

Um dia, na academia, Shannon começou a conversar com uma mulher que lhe perguntou com o que trabalhava. Respondeu que trabalhava com TI numa organização sem fins lucrativos e como *web designer freelancer*, apesar de não ter clientes no momento.

A mulher mencionou que procurava alguém para atualizar o *site* de sua empresa e sugeriu que se encontrassem para um café. Aquela única conversa rendeu a Shannon seu primeiro "frila" trabalhando no *site* de outra empresa, e ela começou a pensar mais em usar suas habilidades para complementar a renda. O único problema era que o trabalho de design demandava muito tempo, e ela já trabalhava em horário integral.

Foi quando ela decidiu que, em vez de construir *sites* para clientes, ensinaria as pessoas a montar o próprio *site* na Wordpress, uma plataforma popular. Para sua surpresa, foi muito fácil começar. No mesmo dia em que postou um *link* de um curso gratuito num grupo de Facebook para empresários, alguém se inscreveu na sua lista de e-mails. A seguir, essa pessoa comprou um produto que Shannon recomendou, e ela ganhou uma comissão sobre a venda. Nesse momento, percebeu que tinha algo de que as pessoas precisavam.

Chamou seu projeto de renda extra de Wordpress BFF (em português, "Melhor Amigo do Wordpress") e o posicionou como uma alternativa à consultoria geral ou à assistência de TI. Quando perguntei a Shannon como visualizava o seu potencial cliente, ela me deu uma lista de características: uma mulher na casa dos vinte ou trinta e poucos anos, que deseja ter mais controle sobre sua agenda e sua receita. Talvez ela queira viajar ou ficar em casa com os filhos, ou queira empreender sem sair de casa — ou talvez ela não tenha ideia do que quer fazer, mas *sabe* que não está satisfeita com o que está fazendo agora.

Quando terminou de esboçar a descrição detalhada de seu cliente, Shannon fez uma pausa. Em seguida, uma luz se acendeu. "Espere aí, essa sou eu!" Ela era sua própria cliente ideal e, por isso, atendia às necessidades dessa pessoa melhor do que ninguém. Assim que chegou a essa conclusão, começou a concentrar o tempo em cursos e produtos voltados para pessoas iguais a ela. Ao final do primeiro ano do seu projeto de renda extra, ela havia ganhado mais de 20 mil dólares. Em meados do segundo ano, esse valor já havia ultrapassado os 30 mil dólares, tudo isso enquanto ela reduzia o trabalho efetivo de design para se concentrar numa renda mais passiva. Ela continuava no seu emprego das 8h às 18h, mas encontrou uma atividade paralela tão gratificante que, de repente, sua vida não parecia mais tão bege.

COMECE COM UM

Cada projeto de renda extra tem um cliente alvo, um tipo específico de pessoa para o qual seu produto ou serviço é projetado. Às vezes, esses clientes-alvo são chamados de "avatares", mas você também pode pensar neles apenas como *sua gente*. Quanto melhor você puder compreender essas pessoas — quem são, do que precisam e onde estão seus pontos de dor — mais condições terá de servi-las.

Considere um exemplo de alguém que só conquistou o sucesso ao descobrir quem era a "sua gente". Quando John Lee Dumas, de San Diego, lançou um *podcast* chamado *Entrepreneur on Fire* ("Empreendedor Pegando Fogo", em tradução livre), tinha muitas expectativas. Queria conquistar uma grande audiência e alcançar muitas pessoas. Não há nada de errado com essa visão, mas no início ele cometeu um erro crítico, porém comum. Ao definir seu público de forma tão ampla, não conseguiu uma visão clara da audiência (e do que um dia seria a sua comunidade como um todo).

Em três meses, obteve algum sucesso e gostou do meio. Sabia que poderia continuar com essa empreitada em longo prazo. No entanto, também sentiu que precisava estreitar o seu foco, e começou a pensar em quem eram seus ouvintes. Em seguida, foi ainda mais longe. Não se tratava apenas de identificar seus ouvintes, pensou. Em algum lugar lá fora havia um *ouvinte ideal*, uma única pessoa para quem seu *podcast* era perfeito.

Pegou um pedaço de papel e começou a descrever aquela pessoa imaginária. Deu à figura o nome de Jimmy e acrescentou um monte de detalhes sobre ele. Jimmy tinha 34 anos de idade e era casado, com dois filhos. Sua esposa era dona de casa. Todos os dias, Jimmy dirigia exatos 27 minutos até o serviço, onde trabalhava numa baia de escritório.

Assim como Shannon, funcionária de TI no mundo real, Jimmy não amava o que fazia. Realizava com dedicação o trabalho que seu chefe lhe designava, mas também passava muito tempo olhando para o relógio. Às 18h, já estava porta afora. Quando chegava em casa, fazia exercícios, passava um tempo com as crianças, jantava com toda a família e, depois, relaxava por uma ou duas horas em frente à TV. Quando não estava hipnotizado pela última série, Jimmy se sentia incomodado. *Por que estou fazendo isto?*, perguntava-se. *Será que não existe algo melhor?*

Também como Shannon, ele queria mudar, talvez até mesmo largar o emprego e começar o próprio negócio, mas não sabia como. Sentia-se sozinho e com muitas dúvidas, pois todos os seus amigos eram colegas de trabalho do meio corporativo, que nunca haviam percorrido o caminho do empreendedorismo que atraía cada vez mais a curiosidade de Jimmy.

Quando terminou de apontar todas essas anotações sobre Jimmy (e o que contei são apenas os destaques), John Lee havia escrito mais de 1.300 palavras. O exercício o ajudou a sentir um controle muito melhor sobre seu público: quem era, com o que se preocupava e o que queria. Fez ajustes sutis em seu programa, concentrando-se em ações-chave e pontos de inspiração que ajudariam Jimmy a ganhar confiança e dar os primeiros passos na direção do empreendedorismo.

Shannon chama esse método de "Comece com um". Ele se baseia no princípio fundamental de que existe uma pessoa — que pode ser chamada de avatar ou cliente ideal — que precisa desesperadamente do que você tem a oferecer. Comece a pensar nessa pessoa e concentre-se inteiramente em servi-la.

"As pessoas costumam pensar: 'Não quero deixar ninguém de fora'", disse-me John Lee. "Mas isso está errado! Isso é pensar na escassez. Ao concentrar todos os seus esforços na pessoa perfeita para você, na verdade, você acabará servindo a muito mais gente".

No primeiro dia do relançamento do *podcast*, houve teve três *downloads*. Um era do próprio John Lee; o outro, da sua namorada. Em sua mente, pensou naquele terceiro *download* como sendo de Jimmy, seu cliente ideal. Seiscentos episódios depois, cada um é baixado trinta mil vezes ou mais, com regularidade. Ele credita esse sucesso ao fato de ter sido extremamente específico sobre seu público, começando com aquele cara imaginário.[3]

Por mais curioso que seja, desde o início também recebeu muitos e-mails de agradecimento de pessoas que soavam exatamente como Jimmy. Ele começou com um ouvinte ideal e, com o tempo, cresceu para servir a muitos.

ESCREVA UMA CARTA PARA O SEU CLIENTE IDEAL

Quando John Lee Dumas escreveu 1.300 palavras sobre Jimmy, seu ouvinte de *podcast* ideal, isso o ajudou a obter uma compreensão clara daqueles a quem desejava servir. A descrição até incluía os nomes e idades dos filhos imaginários de Jimmy, como ele gostava de se exercitar e o que assistia na TV quando voltava do trabalho.

Talvez você não consiga descrever seu avatar com tantos detalhes, mas não pule a parte mais importante: compreender a dor pela qual ele está passando. No caso de Jimmy, essa dor era seu trabalho diário. Todos os dias, passava horas preso em sua baia, sem encontrar nenhum significado no trabalho, mas tendo de fazê-lo de qualquer forma para sustentar a família.

Se você tem uma ideia de quem é seu cliente, mas está encontrando dificuldades para descobrir os pontos de dor, ter uma conversa prolongada (embora unilateral) com ele pode ajudar. Um modo de fazê-lo é escrever uma carta para ele e mostrar-lhe que entende suas necessidades. Proponha uma solução e construa um relacionamento com essa pessoa imaginária. Quanto mais você souber quem ele é — e, é claro, como pode ajudá-lo — mais bem-sucedida pode ser sua renda extra. Para ler um exemplo de carta ao cliente, junto com uma análise dos trechos mais importantes, consulte o Anexo 3.

---

3. Ele também trabalhou duro — produzir mais de 600 episódios consecutivos não é uma conquista pequena.

VÁ ALÉM DOS DADOS DEMOGRÁFICOS BÁSICOS

Shannon era uma *designer* talentosa e confiável — e é provável que essas duas qualidades, por si sós, possibilitariam que ela fosse razoavelmente bem-sucedida como *freelancer*. Todavia, seu projeto de renda extra decolou de fato quando ela concentrou suas intenções em quem esperava servir. Quando percebeu que tinha uma ideia clara de alguém — e que essa pessoa era "igual a ela" — começou a obter muito mais receita, em especial quando desenvolveu cursos e produtos que não demandavam tanto tempo quanto o trabalho de *web designer*.

É provável que você saiba o que são dados demográficos, os quais se referem a categorias simples como gênero, idade, nível de educação e assim por diante. Esses fatores não são irrelevantes para entender seu cliente-alvo e, dependendo da oferta, podem ser particularmente importantes. Se estiver vendendo *coaching* de preparação para exames de acesso à universidade, é melhor anunciá-los para estudantes de ensino médio interessados numa graduação de nível superior. Se o serviço ajuda homens a criar melhores perfis de namoro *online*, você deve elaborar a linguagem da oferta a fim de atrair apenas homens.

Às vezes, não é tão simples. Muitos produtos e serviços cruzam as linhas demográficas e são apreciados por pessoas de diferentes contextos. Criar um avatar — essa pessoa única, específica e imaginária — permite que você se aprofunde e se torne muito mais preciso quanto a quem planeja servir.

Shannon iniciou o negócio de ensino de Wordpress depois de ficar insatisfeita com o serviço paralelo ao cliente. Ela observou o seu mercado com atenção e redesenhou toda a operação em torno de pessoas iguais a ela.

John Lee desenvolveu seu *podcast* pensando longa e profundamente em Jimmy, seu ouvinte imaginário, que estava desencantado com o trabalho e ansiava por algo maior.

A quem sua renda extra vai servir? Quem é aquela pessoa que *precisa* ter o que você oferece? Comece com essa pessoa, convide-a para tomar um café imaginário e tenha-a em mente à medida que seu projeto de renda extra se desenvolve. Seu sucesso — e talvez o dela também — depende disso.

DIA 9

TRANSFORME SUA IDEIA NUMA OFERTA

> *Assim que tiver uma grande ideia e um cliente ideal, você precisa transformar a ideia numa oferta. Uma oferta tem uma promessa, um pitch e um preço.*

Jake Posko trabalhou no ensino superior, gerenciando uma equipe e representando sua universidade em eventos locais. Em paralelo, tocava violão e cantava numa pequena banda, mais por diversão, embora muitas vezes fosse contratado para se apresentar em casamentos e eventos. Nos últimos anos, ele havia tentado diferentes rendas extras, algumas das quais haviam fracassado, e outras que obtiveram um sucesso moderado.

Um dia, decidiu tentar obter outro fluxo de renda oferecendo aulas de violão. Se você acha que essa não é uma ideia muito original, tem razão. Tocar violão envolve o seguinte: muitas pessoas já sabem tocar alguns acordes, e não necessariamente procuram aperfeiçoar suas habilidades. Ao mesmo tempo, há muita gente oferecendo aulas de custo e qualidade variáveis. Em outras palavras, não há muita demanda *e* o mercado é lotado.

Jake sabia que precisava se destacar de alguma forma. Ao fazer um pouco de trabalho de detetive, do gênero que você aprendeu no Dia 7, percebeu que, embora haja muita gente oferecendo aulas de violão, a maioria não dá muita importância aos seus anúncios. "Aulas particulares de violão" é um título de anúncio bem comum — preciso, mas pouco animador.

O primeiro anúncio de Jake, postado por ele na Craigslist (um renomado *site* de anúncios nos Estados Unidos), fazia uma afirmação ousada:

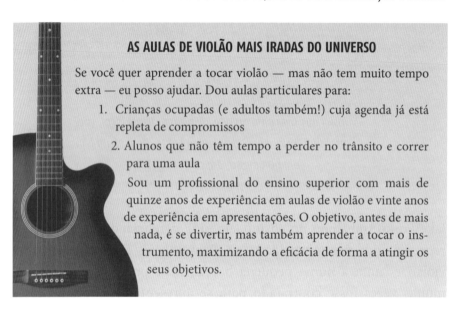

AS AULAS DE VIOLÃO MAIS IRADAS DO UNIVERSO

Se você quer aprender a tocar violão — mas não tem muito tempo extra — eu posso ajudar. Dou aulas particulares para:
1. Crianças ocupadas (e adultos também!) cuja agenda já está repleta de compromissos
2. Alunos que não têm tempo a perder no trânsito e correr para uma aula

Sou um profissional do ensino superior com mais de quinze anos de experiência em aulas de violão e vinte anos de experiência em apresentações. O objetivo, antes de mais nada, é se divertir, mas também aprender a tocar o instrumento, maximizando a eficácia de forma a atingir os seus objetivos.

"As aulas de violão mais iradas do universo" soa muito melhor que "aulas particulares de violão". Mesmo que o título seja um pouco exagerado, é divertido e chama a atenção das pessoas logo de cara. Ainda assim, por mais incríveis que as aulas de violão de Jake prometessem ser, não houve clientes batendo em sua porta de imediato. Levou algum tempo até o primeiro aluno marcar uma aula. Contudo, Jake continuou trabalhando em seu projeto de renda extra durante a maior parte de seu limitado tempo livre pelos oito meses seguintes.

Reconhecendo que aquele anúncio ousado era provavelmente sua melhor ferramenta para chamar a atenção de clientes potenciais, Jake decidiu expandir seu alcance, veiculando anúncios com linguagem semelhante no Google, explicando por que suas aulas eram tão espetaculares. Menos de um ano depois, ele ganhava regularmente 80 dólares por hora de aula e decidiu largar o emprego para se concentrar no crescimento do projeto de renda extra.[4]

DA IDEIA À OFERTA

Para o seu projeto efetivamente sair do papel, você precisa transformar sua ideia numa oferta. No mínimo, uma oferta diz às pessoas exatamente o que receberão em troca do dinheiro que pagaram — e, em geral, também deixa claro quanto irão gastar. "Aulas de violão" não é uma oferta. "Aulas de violão de 1 hora por 50 dólares" já está mais próximo de uma oferta, mas ainda pode melhorar. Por exemplo:

> *"Aprenda violão básico em pouco tempo (e com muita diversão) com um professor veterano com 20 anos de experiência de palco. Para se inscrever para aulas de 1 hora de duração por 50 dólares, ligue agora para 555-Hot-Tunes".*

Ao apresentar uma oferta, é melhor garantir que está fornecendo às pessoas todas as informações pertinentes de que precisam para fazer uma compra. Uma oferta completa inclui os seguintes elementos:

Uma promessa: como sua renda extra vai mudar a vida de alguém
Um *pitch*: por que as pessoas devem comprar ou se inscrever *agora*
Um preço: quanto custa comprar ou se inscrever (e como fazê-lo)

A *promessa* deve se concentrar no benefício que as pessoas receberão do que você estiver vendendo. O ideal é elaborar uma declaração

---

4. Quando Jake começou o projeto, trabalhava num emprego das 8h às 18h, com um bebê de nove meses em casa e uma esposa que não apenas trabalhava, como também estudava em tempo integral. "Não existe momento perfeito para começar", ele me disse. "Basta começar".

curta e ousada que atraia a atenção e esclareça o benefício para os clientes de imediato. "As aulas de violão mais iradas do universo" é uma ótima promessa que ilustra bem esse conceito.

O *pitch* deve fornecer tudo que alguém precisa saber, sem se perder num monte de detalhes irrelevantes. Uma parte fundamental do *pitch* é a urgência, que está relacionada ao conceito de persuasão, que você aprendeu no Dia 2. Uma oferta ousada e chamativa é um ótimo começo, mas, para melhores resultados, você também precisa oferecer uma resposta convincente a esta questão tão importante: por que elas deveriam agir *agora mesmo*?

O *preço* deve dizer aos potenciais clientes não apenas o quanto seu produto ou serviço custa, mas também o que ele inclui, e exatamente o que precisa ser feito para recebê-lo. Essa última parte também é conhecida como chamada para ação ou CTA (do inglês *Call to Action*). Os exemplos incluem: clique neste botão, ligue para este número, inscreva-se aqui e assim por diante. Deve ser algo fácil e óbvio.

Mais uma vez, considere algumas das ideias sobre as quais leu até agora — e veja como elas podem ter se transformado de ideia em oferta.

Ideia: Guias Curriculares (Dia 6)
Oferta: "Você vai adorar este guia curricular detalhado que cobre o material de geografia norte-americana para a quinta série. O guia inclui mais de 35 páginas de informações. Também acrescentei uma *checklist* para mostrar aos alunos como criar seus projetos, incluindo perguntas de orientação para simplificar o processo de escrita. Você receberá tudo isso por apenas 20 dólares".

Ideia: Aulas de banco de dados (Dia 3)
Oferta: "Tenha aulas particulares de Microsoft Access para economizar tempo e ser mais produtivo. As aulas custam $55 por hora *online* e $65 no presencial. As vagas estão quase esgotadas — reserve a sua *online* em DatabasePro.com".

Ideia: Faça seu próprio destilado (Dia 4)

Oferta: "Quer impressionar seus convidados com drinques caseiros sofisticados? Compre nosso kit de gin caseiro ($49,95) e faça gin em sua banheira... ou talvez apenas no seu freezer. Leve o seu antes que a Lei Seca[5] volte".

A ideia é essa. Antes de continuar, veja se consegue transformar sua ideia numa oferta simples, porém específica.

Sua ideia: _____

Sua promessa: _____

Seu *pitch*: _____

Sua chamada à ação (CTA): _____

Agora junte tudo em algumas frases curtas e instigantes:

Sua oferta: _____

_____

_____

_____

_____

_____

_____

_____

_____

---

5. A Lei Seca (em inglês, *Prohibition*), nos Estados Unidos, foi a proibição nacional de produção, importação, transporte e venda de bebidas alcoólicas de 1920 a 1933, estipulada pela 18ª emenda da Constituição (N. da T.).

CINCO MANEIRAS DE CRIAR URGÊNCIA

Uma oferta de sucesso não mostra apenas por que as pessoas precisam do que você está vendendo; mostra também por que elas precisam disso *agora*. Aqui estão algumas dicas para garantir que sua CTA seja a mais urgente possível.

1. Use palavras como *agora* e *hoje* na sua chamada à ação. Mesmo que a oferta nunca mude nem se esgote, a linguagem urgente estimulará seus clientes a agir.

2. Se quer que seus clientes ajam com rapidez ("compre agora"), você também deve agir rápido. Quando receber perguntas deles, responda o mais rápido que puder. Um estudo da *Harvard Business Review* mostrou que, quando as empresas responderam dentro de uma hora após o pedido inicial de informações do cliente, tinham sete vezes mais probabilidade de vender.

3. Quando falarmos sobre testes no Dia 20, você aprenderá que pequenos detalhes como as cores específicas do seu *site* ou material de marketing não são tão importantes. Há uma exceção: use vermelho para textos que comuniquem urgência, em especial quando mostrar um desconto ou outra chamada à ação por tempo limitado.

4. Anuncie um aumento de preço futuro, mas dê às pessoas tempo suficiente para fazer a compra ou se comprometerem antes de a mudança entrar em vigor (apenas esta semana por $19,97!). Basicamente, essa é uma outra forma de fazer uma venda sem chamá-la de venda.

5. Se vender *online*, adicione um contador regressivo à sua página de *checkout* ("Tempo restante para comprar: 3 horas, 14 minutos, 3 segundos"). Não há nenhuma regra que lhe impeça de reiniciar o contador quando o tempo se esgotar.

REGRAS SIMPLES DE *COPYWRITING*

Jake chamou sua estratégia publicitária de "regras simples de *copywriting*" e, tecnicamente, estava certo — ele não foi o primeiro empreendedor a usar superlativos ("aulas mais iradas do universo") ou a usar uma promessa audaciosa. Mesmo assim, funcionou, porque havia pouquíssimas pessoas em seu mercado pensando dessa forma.

Como Jake descobriu, redigir uma oferta de um jeito até um pouco mais apelativo do que a concorrência pode significar uma verdadeira vantagem. Você não aprende esse tipo de escrita na escola, mas, com um pouco de prática, não é tão difícil aprender.

- Escreva para uma pessoa, não para um grupo. Lembre-se do cliente ideal do Dia 8: fale diretamente com essa pessoa e finja que não há mais ninguém no mundo.
- Tenha um objetivo para cada palavra. Na boa redação, nada é supérfluo. Cada fato e cada ponto estão lá por uma razão. Escreva vários rascunhos e seja implacável na hora de editá-los.
- Utilize números. Há uma ótima razão para que tantas manchetes e títulos incluam números: eles chamam nossa atenção mais rápido que as palavras. Esse princípio não se aplica apenas às manchetes; use números em toda a sua apresentação. Quão incríveis são as aulas de violão mais iradas do universo? Elas são cerca de 36% mais iradas que as segundas aulas mais incríveis!
- Use palavras que despertem alegria, surpresa, segurança e outras emoções positivas. Mantenha o anúncio divertido e animado. Não se limite a listar um monte de características; mantenha o foco em como sua oferta *faz com que as pessoas se sintam melhor*.
- Ajude os clientes a se enxergarem como parte da história. Uma boa maneira é usar depoimentos, que também fornecem uma prova social. Mostre aos potenciais compradores que há outra pessoa "igual a eles" entusiasmada com a sua oferta.

- Use verbos de ação. A empreendedora *lançou* sua oferta. O cliente *fez* um pedido de imediato. O projeto de renda extra *deslanchou*.
- Mostre entusiasmo! Você tem *convicção* por sua oferta. *Sabe* que ela vai melhorar a vida das pessoas de alguma forma significativa. O entusiasmo é contagioso, por isso, não tenha medo de demonstrar o seu.
- Faça um anúncio conciso, mas não deixe de fora nenhuma informação que possa convencer seu comprador potencial. Tenha sempre em mente os três elementos: promessa, *pitch* e preço.

Jake Posko começou cobrando 50 dólares por hora pelas "aulas de violão mais iradas do universo". Aos poucos, subiu o valor até o máximo que o mercado suportaria, em sua opinião — algo entre 80 e 120 dólares por hora, dependendo do local e de quantas aulas eram pagas com antecedência. No primeiro mês, ganhou 420 dólares. No segundo, 1.535 dólares. Apenas seis meses depois, já recebia 2.800 dólares num único mês e estava pronto para largar o emprego — e foi o que fez.

Ele agora recebe 5 mil a 6 mil dólares líquidos por mês, trabalhando de 20 a 25 horas por semana. Com clientes estáveis e referências contínuas, seu projeto de renda extra agora é sua fonte primária de renda, permitindo que passe mais tempo em casa com a esposa e o filho pequeno. Era mesmo para usar sua palavra *irado*.

DIA 10

CRIE SUA HISTÓRIA DE ORIGEM

> *Como um super-herói de história em quadrinhos, seu projeto de renda extra precisa de uma história. Não ofereça apenas fatos; conte uma história.*

O canadense David Venn encontrou o amor em Amsterdã ao conhecer Praj, que nasceu em Katmandu, no Nepal. Deu para entender tudo isso? Em todo caso, eles ficaram noivos e quiseram se casar numa cerimônia tradicional na terra natal de Praj. Foi a primeira viagem de David ao Nepal, e ele adorou tudo no país — o povo, claro, mas também a arte e, em particular, a moda. As montanhas geladas dos Himalaias são a fonte de grande parte da oferta mundial de caxemira, e a produção de casacos e cachecóis de luxo tem sido uma marca registrada da cultura nepalesa há gerações.

Após a lua de mel no Nepal, o casal planejou morar no Canadá, outra terra conhecida por seus invernos gelados. David havia reparado que os produtos de caxemira no Nepal eram muito mais baratos que em qualquer outro lugar onde já os tivesse visto. Ele se perguntou se haveria mercado para esses produtos em sua própria pátria invernal. Apesar do alto custo, a caxemira era popular no Canadá; por isso, ele sabia que não precisaria perder muito tempo explicando às pessoas do que se tratava. Nascia uma ideia de projeto de renda extra!

As semanas seguintes se passaram na incerteza, enquanto David e Praj se encontravam com dezenas de fornecedores locais em busca de um sócio. Por fim, descobriram um fornecedor que partilhava do compromisso deles de produzir acessórios de alta qualidade com cuidado e atenção aos detalhes. Começaram com uma encomenda de cem xales femininos, gastando cerca de dois mil dólares para adquiri-los e importá-los para o Canadá.

A Corala Cashmere foi lançada bem a tempo do Natal. Depois de conseguirem um destaque na seção de moda do jornal da cidade, os recém-casados venderam todos os cem xales, obtendo um lucro de três mil dólares, o qual, em sua maior parte, foi reinvestido no negócio. Ganhar dinheiro era ótimo, mas eles não foram os únicos a colher os benefícios: desde o início, a intenção era que a Corala Cashmere desse um retorno às comunidades de produção dos materiais. Praj sabia que muitos pastores das montanhas do Nepal não tinham recursos para pagar pela educação dos filhos, um problema que afetava em especial as meninas. Por isso, de imediato, repassaram 5% dos lucros a uma instituição de caridade local, junto com outra encomenda para continuar a desenvolver o projeto de renda extra.

FATOS NÃO BASTAM; CONTE UMA HISTÓRIA

Como todas as histórias deste livro, a da Corala Cashmere é verdadeira. Imagine, no entanto, que eu tivesse contado uma versão diferente: David e Praj queriam incrementar a renda, por isso decidiram importar xales de caxemira do Nepal e revendê-los no Canadá, país natal de David. Pronto, dinheiro no bolso!

Qual é o problema dessa história? Os fatos estão corretos e, com certeza, não há nada de errado em ganhar dinheiro (é por isso que você está lendo este livro!). Por si só, no entanto, essa história é *sem graça*. Não tem profundidade, não tem nenhum gancho para cativar ou inspirar o leitor... ou um cliente potencial.

Agora considere os detalhes da história:

- David e Praj se apaixonaram e viajaram para a terra natal dela para se casarem.
- A ideia de iniciar um negócio surgiu quando passeavam pelo Nepal e conversavam com fornecedores locais.
- A Corala Cashmere beneficia crianças em idade escolar nas montanhas do Himalaia; os clientes podem se sentir bem com a compra por saberem que ela é de origem responsável e que uma parte dos lucros é revertida em prol da comunidade.

Lembra como aquela primeira encomenda de cem xales se esgotou, em grande parte, graças ao destaque na mídia? Sem a história de fundo, seria pouco provável que o jornal escrevesse sobre eles — e seria muito menos provável que as pessoas se interessassem. A explicação é que o nascimento da Corala Cashmere é uma ótima *história de origem*: uma narrativa envolvente e inspiradora do *porquê* por trás da renda extra deles. Não importa o que esteja vendendo, você também precisa de uma história de origem.

SEJA O SUPER-HERÓI DA SUA HISTÓRIA DE ORIGEM

O termo "história de origem" vem do mundo dos quadrinhos, cujos artistas criam histórias de como super-heróis ou vilões obtêm seus poderes e se transformam nos personagens singulares pelos quais são conhecidos. Em geral, uma boa história de origem apresenta um ponto de virada ou momento de transformação no qual o personagem evolui de forma significativa ou recebe uma missão a cumprir. A menos que esteja vendendo um produto genérico (e é provável que não deveria vendê-lo), você terá muito mais sucesso se oferecer a seus clientes uma história do surgimento da sua renda extra.

Mesmo que a origem da sua renda extra não envolva se apaixonar em Amsterdã ou uma lua de mel no Nepal, ainda existe uma história em algum lugar. Pense no que levou você a essa empreitada — por que você se interessou em iniciar uma renda extra? Depois, quando encontrou uma ideia, de onde veio a inspiração? Se tinha mais de uma ideia, por que selecionou esta e não as outras?

Considere, em resumo, as histórias de origem de alguns empreendedores que você conheceu até agora no livro:

- Ao se mudar da Espanha para o Texas, uma apaixonada por animais sente falta dos bichos de estimação da família. Ela descobre uma maneira de desfrutar da companhia de um amigo peludo diferente todos os dias — enquanto oferece um serviço útil para proprietários de animais de estimação — ao lançar um "Airbnb para cães" na sua casa.
- Uma professora especializada e apaixonada por planejamento de currículo descobre uma maneira de ajudar seus colegas a passar menos tempo preparando aulas e mais tempo com os alunos, criando materiais de ensino customizados.

Grandes corporações entendem muito de histórias de origem ou, pelo menos, acham que entendem. Seguradoras avaliadas em bilhões de dólares adoram contar histórias emocionantes e singelas sobre como oferecem segurança financeira às famílias "de geração a geração" há anos — isto é, contanto que você pague as mensalidades e não peça muitos reembolsos. Um grande varejista, com milhares de lojas, dará o máximo de valor ao seu início modesto como uma "loja de bairro", numa tentativa de ser visto como um "pobre-coitado batalhador", e não como uma corporação gigante.

Essas corporações gigantes têm algumas vantagens comerciais reais, como a escala de negócio e um CNPJ, mas não se preocupe: essa é uma esfera em que *seu projeto de renda extra tem uma vantagem*. Uma corporação multinacional pode *tentar* contar uma história sobre origens humildes, mas se a ideia é autenticidade, é difícil vencer a história de um típico projeto de renda extra. Afinal, estes não precisam se esforçar para serem humildes — já o são! Você é melhor que uma corporação multinacional que finge ser "igual" aos seus milhões de clientes. Você tem uma verdadeira história de origem e é o herói dela.

Isso chama atenção para um ponto importante. A menos que haja um motivo para não incluir alguma informação sua na história de origem, é sempre uma boa ideia infundir personalidade à sua narrativa. Afinal, você não está criando uma grande corporação (pelo menos não no momento) — está construindo algo para si mesmo, por si mesmo. Você é a história do seu projeto; portanto, se houver algum fato aleatório sobre por que você ama seu negócio, inclua-o! Esses fatos não são irrelevantes para sua missão; na verdade, são essenciais.

Os detalhes pessoais também ajudarão você a forjar uma conexão emocional com seu cliente ideal. Você se lembra da Shannon Mattern, a diretora de TI do Dia 8, cujo projeto de renda extra decolou quando percebeu que seu cliente ideal era ela mesma? O *site* dela lista suas qualificações profissionais e apresenta seu portfólio, é claro — mas isso não é tudo. Na página "Sobre Mim", é possível saber vários fatos sobre ela, incluindo sua música preferida da Taylor Swift, como ela vai à academia para compensar a cervejinha do fim de semana e como se sentiu quando conseguiu seu primeiro cliente. Como alguém de fora, você pode pensar: *Uau, é informação demais... quem se interessa por essas coisas?* Mas essa é exatamente a questão: *nem todos se interessam, mas seus clientes ideais sim*. Esses clientes são iguais a ela, e essa abordagem os ajuda a se identificarem com ela num nível mais pessoal.

HISTÓRIAS DE RENDA EXTRA: PREENCHENDO OS ESPAÇOS EM BRANCO

Para criar sua história de origem, considere primeiro *por que* está investindo neste negócio em particular. De todas as ideias que poderia ter escolhido, o que era atraente, especial ou apenas interessante nesta? Estas indicações podem ajudar:

Sempre tive interesse em _____

_____,
então decidi tentar _____.
Nunca gostei de _____
e sabia que havia uma maneira melhor. Criei _____

_____
para ajudar outras pessoas com o mesmo problema.
Comecei este negócio porque notei _____

_____.

Não parecia haver ninguém mais fazendo nada a respeito (ou as empresas atuais deixavam escapar algo importante), então criei

_____

_____

_____

_____.

Usando livremente essa fórmula, foi assim que outras pessoas (ou, se preferir, super-heróis) que aparecem neste livro descreveram suas histórias de origem:

> *"Estive num cruzeiro e fiquei frustrado por não conseguir encontrar respostas a algumas perguntas simples antes de partir. Comecei um blog para ajudar outras pessoas com o mesmo problema". Ele agora me rende mais de 4 mil dólares por mês".*
>
> Tanner Callais, Cruzely [Dia 13]

> *"Como mais de 300 mil pessoas na Baía de São Francisco, todos os dias eu saía da minha cidade para trabalhar. Na época, não havia um aplicativo que combinasse dados de trânsito e transporte público num único fluxo de informações, por isso criei o meu. Ele agora é utilizado por mais de 40 mil pessoas todos os dias".*
>
> Steven Peterson, Routesy [Dia 17]

De volta ao Canadá, a Corala Cashmere estava decolando. Depois de um pequeno *rebranding* (o nome original era Karma Cashmere), David e Praj começaram a acrescentar novos desenhos e cores. Sua visão em longo prazo era de que pelo menos um deles trabalhasse no negócio em tempo integral. Por enquanto, porém, ele continua a crescer de maneira orgânica, com quase todas as vendas vindo por meio de resultados de pesquisa e indicações de outros clientes.

Como vemos a partir desta história, quanto mais você inspirar seus clientes potenciais a torcer por você e pela sua missão, mais fácil será transformá-los em clientes reais. Cave fundo para encontrar a história e não tenha medo de compartilhá-la à medida que desenvolve seu negócio.

SEMANA 2 — RECAPITULANDO!

Você aprendeu a gerar ideias de projetos de renda extra (lembre-se, elas estão em toda parte!) e a selecionar uma entre uma infinidade de opções diferentes. Descobriu quem é seu cliente ideal e criou uma história de origem que, com certeza, servirá de inspiração. Por fim, transformou sua ideia numa oferta completa. Na próxima seção, mergulharemos de cabeça em tudo que precisamos para colocar sua oferta em funcionamento. Vamos em frente!

PONTOS-CHAVE

- Algumas ideias são melhores que outras. Use o Seletor de Projetos para encontrar as melhores, comparando-as com base numa série de critérios.
- Você não precisa ser melhor que a concorrência em todos os sentidos, mas deve ao menos ser diferente. Vire um detetive e faça um levantamento do cenário para entender o que mais existe lá fora.
- Seja muito claro em seu avatar ou cliente ideal. Comece com o básico, mas depois pense em algumas perguntas mais profun-

Crie sua história de origem 105

das: o que ele quer de verdade? Quais são suas esperanças e sonhos? Essas respostas guiarão você ao se preparar para se lançar com o máximo de impacto.

SEMANA 2: SELECIONE SUA MELHOR IDEIA

Dia 6: Use o Seletor de Projetos para comparar ideias
Dia 7: Vire um detetive
Dia 8: Tome um café imaginário com seu cliente ideal
Dia 9: Transforme sua ideia numa oferta
Dia 10: Crie sua história de origem

SEMANA 3

PREPARE-SE PARA DECOLAR

Você já escolheu sua ideia. Esta semana, você aprenderá como implementá-la com rapidez, sem se perder em detalhes irrelevantes.

SEMANA 3: PREPARE-SE PARA DECOLAR

Dia 11: Junte as peças

Dia 12: Defina o preço da sua oferta

Dia 13: Faça uma lista de compras

Dia 14: Determine uma forma de pagamento

Dia 15: Projete seu primeiro fluxo de trabalho

Dia 16: Gaste 10% mais tempo nas tarefas mais importantes

DIA 11

JUNTE AS PEÇAS

> *A desenvoltura é sua habilidade mais valiosa como empreendedor de renda extra. Obtenha uma vantagem inicial juntando tudo que for preciso para lançar seu projeto logo.*

Se não consegue encontrar o que procura, faça você mesmo e depois ofereça a quem quer que possa querê-lo. Essa clássica máxima dos negócios levou Sarah Hannington a um projeto que lhe rendeu mais de cem mil dólares por ano. Sarah trabalha em marketing e estava procurando balas personalizadas em formato de coração para enviar aos clientes da empresa em que trabalhava. Era uma ideia divertida para um brinde temático de Dia dos Namorados e, com certeza, não seria difícil encontrar um fornecedor para fazê-lo... certo?

Sarah pesquisou de cima a baixo, mas ninguém parecia oferecer exatamente o que visualizara. Em desespero, começou a entrar em contato com fabricantes de balas. Um deles respondeu no Facebook Messenger que ofereciam o serviço a um preço razoável.

Quando procurou na internet detalhes sobre esse fabricante, no entanto, viu-se de mãos vazias. O *site* da empresa não continha quase nenhuma informação sobre o produto nem sobre como encomendar as balas. Sarah escreveu para lá explicando que trabalhava em marketing e que poderia ajudar a reforçar a presença da empresa *online*, mas ninguém nem sequer acusou o recebimento da mensagem. Quando, por fim, conversou ao telefone com um representante de vendas, ele não sabia nada sobre o *site* e parecia pouco entusiasmado em geral. No entanto, o vendedor disse que entregaria qualquer encomenda que ela fizesse.

Como publicitária, Sarah encarou a falta de resposta como um desafio. É verdade que não sabia nada sobre o mercado de balas, nem tinha muita experiência como empreendedora. Contudo, como entendia de marketing, decidiu colocar suas habilidades em prática. O Dia dos Namorados estava próximo; por isso, ela rapidamente construiu um *site* de três páginas a partir de um modelo e anunciou as balas personalizadas em formato de coração, a um preço mais alto que o do fabricante. Como ninguém mais competia por esse espaço, em questão de dias seu *site* virou o primeiro nos resultados de busca do Google. Nesse mesmo dia, ela recebeu seu primeiro pedido — e, logo em seguida, mais três.

Em duas semanas, os pedidos chegavam todos os dias. Mesmo que apenas revendesse, o que significava que só precisava transmitir os pedidos para aquele fabricante letárgico e monitorar as entregas, o volume de pedidos era esmagador e estava difícil acompanhar. E ela não era a única: o fabricante também ficou para trás. No auge das encomendas, o desanimado representante de vendas explicou, por e-mail, que a empresa não conseguia acompanhar aquele ritmo e não seria capaz de atender a todos os pedidos até o Dia dos Namorados. Que balde de água fria.

Balas personalizadas em formato de coração são um negócio sazonal; 90% das encomendas são feitas entre as seis e oito semanas antes do Dia dos Namorados. Para a data do ano seguinte, Sarah estava determinada a evitar depender de um fabricante não confiável. Mas o que ela faria? Ela era boa em marketing, mas não sabia quase nada sobre linhas de produção e equipamentos de impressão comercial.

Sarah decidiu encontrar uma solução — o que estava se tornando praxe nesse seu negócio experimental. Uma pesquisa mais extensa levou a um fornecedor chinês, que afirmava ter uma máquina que faria tudo que Sarah precisava. Infelizmente, quando a máquina chegou, um mês depois, não funcionava. Incansável, Sarah começou a ligar para todas as empresas em que podia pensar, grandes e pequenas.

Cinco semanas antes do início da temporada do Dia dos Namorados, ela encontrou uma empresa que prometia vender um equipamento que realmente funcionava. Isso custou toda a sua receita daquele ano, mas era um projeto de renda extra, não sua principal fonte de renda — e ela sabia que, se desse certo, estaria muito mais preparada para a próxima temporada.

As encomendas já chegavam, e Sarah estava nervosa. Por sorte, a nova empresa era confiável: entregou a máquina feita sob encomenda dentro do prazo e, o melhor: ela de fato funcionava. Para atender à enorme demanda, Sarah e uma pequena equipe de assistentes operavam a máquina doze horas por dia, sete dias por semana. Conseguiu fazer tudo na última hora, enviando os pedidos finais pelo correio noturno para garantir que chegassem a tempo. O trabalho foi árduo, mas agora ela estava numa posição favorável para o próximo ano: seu produto, que era número um no *ranking* do Google, era algo que muitas pessoas claramente queriam, e ela agora tinha a capacidade de absorver as encomendas sozinha.

TEM SOLUÇÃO PARA TUDO

Minha amiga Marie Forleo gosta de dizer que tudo é "solucionável". Essa lição está bem ilustrada em toda a história de Sarah. Ela não sabia como fazer metade do que era preciso para iniciar seu negócio, mas, ao longo do caminho, descobriu. Quando topou com problemas, encontrou uma maneira de resolvê-los. Quando esbarrou em obstáculos, buscou uma maneira de contorná-los.

Problema: Não dá para localizar na internet o fornecedor de balas impressas sob encomenda.
Solução: Pedir indicações aos fabricantes de balas.

Problema: Depender demais de um fabricante não confiável.
Solução: Encontrar uma maneira de "fazer você mesmo", produzindo internamente.

Problema: A primeira máquina não funciona.
Solução: Investir toda a receita da temporada numa máquina nova.

Sarah possui muitas habilidades, mas talvez a mais importante de todas seja a desenvoltura. Ela decidiu o que queria fazer e descobriu uma forma de fazer acontecer.

Em geral, os empreendedores de projetos de renda extra são um grupo com desenvoltura — habilidade que, muitas vezes, vale mais que qualquer experiência prévia ou *expertise*. Não sabe como obter uma licença comercial onde você mora? Entre na internet, digite "licença comercial" e, em seguida, seu município, estado ou país. Não tem certeza de como incluir sua renda extra na declaração de IR? Agende uma reunião de meia hora com um contador.

A questão é que, onde alguns podem ver obstáculos, os empreendedores de projetos de renda extra veem apenas detalhes. Não é assim tão difícil solucioná-los; além disso, como mostra a história de Sarah, é muito melhor perder seu tempo em coisas que ajudarão seu empreendimento a ser lucrativo.

A STARTUP DE 100 MIL DÓLARES

A máquina de doces de Sarah foi feita sob medida e não foi barata. Sendo um trabalho personalizado e urgente, custou mais de 100 mil dólares. Espere, você não deveria gastar o mínimo possível ao iniciar um projeto de renda extra? Aquela máquina era cara demais! Mas não esqueça: Sarah só gastou esse dinheiro quando tinha um modelo de negócios testado e comprovado. Seu *primeiro* investimento, um *site* rápido e simples que construiu a partir de um modelo, não custou quase nada.

Somente depois de ter recebido muitas encomendas duas temporadas seguidas (e somente depois que outras opções se mostraram inúteis) é que decidiu comprar um equipamento próprio. A essa altura, seu faturamento anual estimado era maior que o custo da máquina, e por isso ela estava confiante de que aquela era uma aposta segura. Além disso, sabia que, no ano seguinte, suas margens de lucro seriam bem maiores, já que não precisaria comprar equipamento algum.

Não é *preciso* dinheiro para ganhar dinheiro; no entanto, às vezes, grandes investimentos numa renda extra consolidada podem dar frutos.

O MINIKIT DE FERRAMENTAS

Depois de escrever *A Startup de $100*, fiz uma extensa turnê do livro. Fui convidado a muitos programas de rádio e TV, para onde as pessoas telefonavam e faziam perguntas sobre o que era preciso para começar uma empresa do zero, sem investidores e com recursos limitados. Para minha surpresa, muitas perguntas de ouvintes e telespectadores tinham a ver com impostos, licenças comerciais e pequenas funções administrativas. Por que fiquei surpreso? Porque, em muitos casos, essas perguntas partiam de pessoas que *não tinham ideia do que seria, de fato, o negócio nem como daria lucro*.

Perguntar se "essa ideia é viável e lucrativa?" é muito mais importante que "qual *software* de contabilidade devo usar?" Perguntas logísticas como essas são todas "solucionáveis", mas, sem um plano para gerar receita, não existe um negócio.

Ainda assim, por mais desenvoltura que tenha, não custa começar com um minikit de ferramentas — por isso, aqui estão algumas recomendações. Tendo como base meus anos de renda extra e trabalho com milhares de pequenos empresários, estas dicas podem ajudar você a tomar algumas decisões. Um aviso rápido: sua situação pode variar e nenhum destes conselhos é universal. Mesmo assim, estes *princípios gerais* servirão a muitas pessoas e a muitos tipos diferentes de negócios.

1. Abra uma conta bancária exclusiva para seu projeto de renda extra. Há pouca diferença entre o que o banco chama de conta "comercial" e "pessoal"; por isso, apenas escolha a opção mais fácil para você. O mais importante é manter seus recursos separados.

2. Da mesma forma, obtenha um cartão de crédito ou débito separado para ser usado apenas nas despesas associadas ao seu projeto. Dica bônus: certifique-se de estar ganhando milhas aéreas com ele!

3. Pague tudo que puder com antecedência. Pagar adiantado, em vez de trinta ou sessenta dias depois, não só impedirá você de investir mais do que pode, mas também lhe fará bem. Você operará de forma enxuta e terá menos preocupações se não dever dinheiro a ninguém.

4. Reserve pelo menos 25% da renda do negócio para os impostos. De novo, a situação pode variar — mas, a menos que esteja isento por algum motivo, não se esqueça de reservar dinheiro para suas contribuições anuais ao governo.

> *Observação: Pagar impostos sobre o dinheiro que se ganha não é um problema; é um subproduto do sucesso. Uma vez, participei de uma troca de 22 e-mails com alguém muito chateado por ter de pagar um imposto suplementar de 100 dólares sobre cada 25 mil que ganhava. Isso não pode ser motivo de reclamação! Antes de tudo, agradeça por ter ganhado tanto dinheiro.*

5. Seja rápido com as cobranças ou notas fiscais. É bom pagar as pessoas rápido, mas *ser pago* com rapidez é ainda melhor. Não deixe isso para um dia no final do mês. Quando fizer o trabalho ou a venda, envie logo a nota fiscal ou pedido de pagamento.

6. Sempre que possível, insista num acordo por escrito para serviços. Não precisa ser um contrato denso, de vinte páginas, elaborado por um advogado caro. Basta obter os termos básicos por escrito para evitar qualquer desacordo ou mal-entendido futuro. A seguir, mostrarei um e-mail personalizável que você pode usar como um contrato básico.

7. Estrutura legal: operar como firma individual é perfeitamente aceitável para muitos negócios. Se precisa incorporar seu negócio, muitas vezes pode fazê-lo sozinho na internet por muito menos que contratando um advogado (mais uma vez, sua situação pode variar).

8. Desde o início, estabeleça um sistema de contabilidade bastante simples. Ele deve ser barato ou gratuito e pode crescer com você se o negócio decolar, mas tenha um meio de monitorar receitas e despesas. Consulte algumas opções no Dia 23.

9. Se possível, reserve um espaço de trabalho dedicado ao seu negócio, mesmo que pequeno, na sua casa. Se isso *não* for possível, invente um espaço móvel. Por exemplo, se gosta de trabalhar num café, vá sempre ao mesmo, à mesma hora, e tente trabalhar na mesma mesa. A ideia é criar um padrão e uma rotina que tornarão mais fácil trabalhar no seu projeto de renda extra de modo consistente.

10. Assim que estiver ganhando dinheiro, pague primeiro a si mesmo. Estabeleça um sistema para transferir os lucros da conta do seu negócio para sua conta pessoal de modo regular. Não tenha um sistema de transferência contínua à medida que as vendas entram (que pode ser muito difícil de monitorar ou registrar mais tarde), mas saque pelo menos alguns lucros de forma regular. Ser pago é empoderador!

"ACORDO POR ESCRITO?" SIM, E É SIMPLES

Não se deixe intimidar pela palavra *contrato*. Se você é *freelancer* ou está fazendo trabalho por contrato com clientes, precisa ter algum tipo de acordo por escrito, mas não é obrigatório que seja um documento robusto com muitas letras miúdas. O mais importante é ter uma comunicação clara sobre o trabalho a ser feito, um cronograma segundo o qual ele será feito e o valor a ser pago.

Em vez de um contrato formal, após terminar um telefonema com um cliente novo que acabou de contratá-lo, você pode enviar um e--mail breve, como o seguinte:

> *"Olá, Paul, obrigado pela conversa! Recapitulando, concordamos em visitar seu local de trabalho uma vez por mês durante os próximos três meses para ajudar a melhorar a decoração e o* layout *do escritório. Minha taxa para esse trabalho (incluindo um relatório detalhado e qualquer comunicação de acompanhamento razoável) é de 1.500 dólares. Você pagará 50% agora e os outros 50% depois de receber o relatório detalhado. Está tudo certo? Se sim, enviarei uma nota fiscal pelos primeiros 50% para que eu possa começar de imediato!"*

Um e-mail como esse resume todos os fatores importantes sem se perder em detalhes excessivos. Se algo der errado ou se o cliente espera trabalho adicional sem pagamento extra, você pode consultar rapidamente esse e-mail.

Sarah manteve seu emprego mesmo quando o projeto de renda extra das balas personalizadas virou um negócio com faturamento de mais de cem mil dólares. Como a maioria dos pedidos chegava perto do Dia dos Namorados, o cronograma era previsível e não exigia muito tempo no resto do ano. Além do fluxo adicional de renda, sua experiência rendeu mais um benefício importante de iniciar seu próprio projeto: seu chefe sabe que ela trabalha porque *quer*, não porque precisa. Isso resultou num salário mais alto, assim como no maior reconhecimento das suas habilidades e do seu valor.

Se você não trabalha porque quer, precisa de sua própria história de sucesso, como a de Sarah. A história começa quando você passa a ganhar dinheiro com algo de que gosta de verdade.

DIA 12

DEFINA O PREÇO DA SUA OFERTA

> *Estabelecer um preço pode ser um desafio até mesmo para empreendedores experientes. Use o modelo de preço margem e siga duas diretrizes simples para estar bem à frente da curva.*

Sara Everett tem pelo menos duas identidades profissionais. Ela é gerente de projetos de construção e artista. Na primeira função, coordena empreiteiros, arquitetos e equipes de planejamento na construção de novos prédios em Seattle. Gerenciar projetos de grandes edifícios com muitas variáveis é complexo, mas Sara gosta de resolver problemas e ajudar pessoas a encontrar soluções colaborativas para os desafios.

Com forte sensibilidade artística, ela se viu incomodada por algo que notava sempre que caminhava pelas áreas comuns de um novo edifício. Havia sempre quadros nas paredes, mas eles eram sem graça, nada originais. Pareciam o tipo de pôster produzido em série para decorar dormitórios ou uma primeira residência num orçamento restrito. Por ser artista, Sara viu uma oportunidade. A maioria das incorporadoras imobiliárias da sua região não entendiam muito de arte; achavam que arte "de verdade" era cara. É claro que quadros de museus ou de casas de bilionários *são* caros, mas Sara sabia que obras de arte não precisam custar milhões de dólares para ter verdadeiro valor artístico.

Por meio do seu envolvimento na comunidade artística local, Sara conhecia vários grandes artistas que adorariam fornecer obras de arte originais a um preço justo e ainda compatível com o orçamento do edifício. Artistas e incorporadores só precisavam de alguém que os reunisse, e ela era perfeita para esse trabalho: ninguém mais sabia tanto sobre o mundo imobiliário e também sobre a comunidade local de artistas. Esses mundos coexistiam numa grande cidade, mas ninguém os havia conectado.

Seu primeiro projeto foi um programa de arte original para um novo edifício, um projeto ambicioso que demandou muito trabalho. Na época, poucas incorporadoras no mercado de Seattle haviam tentado colocar tanta arte original num único local. Era também um conceito totalmente novo, tanto para Sara quanto para a incorporadora. Quando chegou o momento de discutir uma remuneração, ela não tinha certeza do que sugerir. Por fim, propôs 12 mil dólares, pagos em parcelas mensais de mil dólares, ao longo de um ano. Era um valor impreciso, com certeza, calculado meio aleatoriamente, com base no tempo que Sara julgava que dispenderia.

O programa foi um estrondoso sucesso. Muitos moradores elogiavam as peças de arte, destacando seu papel na promoção de um senso muito mais autêntico de comunidade no prédio. O único ponto negativo era Sara ter trabalhado muito mais tempo no projeto do que planejara. No início, estava animada por receber mais mil dólares por mês fazendo o que gostava; no final, ao calcular suas horas, percebeu o quanto havia subestimado e, portanto, subfaturado seu tempo.

Entretanto, não se arrependeu; tinha sido uma grande aprendizagem. Na segunda vez, propôs uma tarifa por hora em vez de um valor fixo. Apresentou uma estimativa de horas, combinando que conversaria com o cliente caso o projeto demorasse mais que o planejado. Isso lhe deu a segurança de receber uma boa remuneração por hora, ao mesmo tempo em que ainda ganhava um salário fixo em seu emprego formal.

COMO PRECIFICAR A SUA OFERTA

No Dia 9, você aprendeu a transformar ideias em ofertas. Aprendeu que um negócio não é completo sem uma oferta, e uma oferta inclui um preço. O preço pode ser variável ou negociável — mas, sem ter pelo menos uma ideia de quanto cobrar por sua oferta, o que você tem é um *hobby*, não um negócio.

No Dia 7, você aprendeu a ser detetive e sondar o cenário competitivo do seu projeto, para ver quanto os outros estão cobrando por produtos ou serviços similares aos seus. Porém, se o seu projeto é inédito, como saber o valor de sua oferta — ou mais importante, como saber quanto os clientes pagariam por ela?

A primeira coisa a saber é que costuma haver uma gama de preços que você poderia praticar com sucesso. É melhor que esse valor seja baixo o suficiente para não afastar ou perder clientes, mas alto o bastante para que você ainda possa ganhar dinheiro. Supondo que queira maximizar o lucro, seu objetivo em longo prazo é encontrar um ponto ideal no extremo superior do que as pessoas estão dispostas a pagar.

Esse é o objetivo em longo prazo. No início, basta ter certeza de que seu preço é alto o suficiente para que o projeto valha a pena para você. Há um modelo simples chamado "preço margem" que você pode usar para determinar como atingir essa meta de curto prazo. Ele é um pouco diferente no caso da venda de um produto ou de um serviço; por isso, vamos analisar as duas formas.

1. VENDA DE UM PRODUTO

Com a aplicação do preço margem a um produto, você primeiro descobre quanto custará fornecer o produto e depois apenas acrescenta um *markup* (um valor em dinheiro ou uma porcentagem) que serve como seu lucro. Quanto você deve acrescentar? Essa é a pergunta mágica — e a resposta nunca é igual para todos. Para começar, pense quanto você teria de ganhar em cada venda para a transação valer a pena *para você*, considerando não apenas os seus custos, mas também o tempo que investirá desenvolvendo o produto.

Você também deve pensar no seu *volume estimado*: se espera vender um pequeno número de produtos (volume baixo) ou um número maior (volume alto). Para produtos de maior volume, você pode cobrar um preço um pouco acima do custo e ainda ter lucro; no entanto, para produtos de menor volume, sua margem terá de ser muito maior.

Mesmo assim, o lucro mínimo aceitável pode variar muito de pessoa para pessoa, e tem tanto a ver com os objetivos que você estabeleceu para si mesmo no Dia 1 quanto com a natureza específica do negócio. No Dia 6, você conheceu Meredith Floyd-Preston, que vendia guias curriculares para professores do método Waldorf. Ela estabeleceu um preço baixo para seus guias, que custavam entre 8 a 20 dólares. Era um preço bom para ela — quando os guias já estavam prontos, sua venda e distribuição era barata — e ela estava feliz por poder atender professores com orçamentos apertados. Por sua vez, Andrew Church, cuja história você vai ler no Dia 21, esculpe à mão obras de arte em ardósia. Há custos maiores e mais mão de obra envolvidos na confecção de cada peça; por isso, algumas de suas obras custam 175 dólares ou mais. Nos dois exemplos, tanto Meredith como Andrew consideraram os seus custos *e* o lucro que queriam obter com o negócio.

2. VENDA DE UM SERVIÇO

Se estiver prestando um serviço, como a Sara faz com as incorporadoras imobiliárias, não há muitas despesas pesadas associadas ao trabalho. Isso não significa, é claro, que Sara deva cobrar um preço baixo. Seus clientes pagam por sua habilidade e experiência, bem como pelo tempo que ela investe em todas as tarefas que precisa cumprir para que seus projetos sejam bem-sucedidos.

Para estabelecer um preço introdutório de um novo serviço, comece por decidir sobre sua receita mínima aceitável por hora. Ao tomar essa decisão, não pense apenas no tempo utilizado na prestação do serviço; considere qualquer tempo de preparação ou "gasto" necessário que não será faturado. Quando Sara refletiu sobre tudo que o seu serviço envolvia, decidiu que 100 dólares era o preço certo da sua hora de trabalho. Foi esse o valor que propôs às incorporadoras imobiliárias que se tornaram seus clientes, e eles concordaram.

Uma boa regra geral é que sua receita mínima aceitável por hora seja pelo menos o que você ganha por hora em seu trabalho diário, e provavelmente mais. Já que estará trabalhando no projeto em seu tempo livre, a renda que ganhar precisa valer esse tempo de lazer do qual estará abrindo mão.

No plano ideal, você não ganhará *apenas* sua receita mínima aceitável por hora — ganhará mais! Se definir esse número como um piso, o mais baixo que aceitará, terá uma linha de base a partir da qual poderá crescer. Se não conseguir fazer o negócio funcionar nesse padrão mínimo, esse é um bom sinal de que precisa de um novo negócio.

Recapitulando: à medida que for avançando, tenha em mente o seguinte:

Produto: Lucro mínimo aceitável por item ou por venda
Serviço: Receita mínima aceitável por hora ou taxa fixa

Sara descobriu que havia uma vantagem em cobrar por hora. Quando cobrou uma tarifa fixa em seu primeiro projeto, ganhou bem menos que os 100 dólares por hora que cobrou no segundo. No entanto, uma taxa fixa também pode ter um grande benefício: se você aprender a trabalhar mais rápido à medida que aprimora a prestação do serviço, será recompensado, e não penalizado. Às vezes, será preciso experimentar um pouco para descobrir o melhor preço possível para suas ofertas.

SE VOCÊ ESTÁ NO "ZERO A ZERO", NA VERDADE ESTÁ PERDENDO DINHEIRO

Um projeto de renda extra deve ser divertido, mas, como você já sabe, também precisa ser lucrativo. Considere a plataforma Fiverr.com, que veremos mais adiante em algumas das próximas histórias. Junto com a TaskRabbit, por exemplo, entre outras parecidas, essa plataforma *on-line* de serviços é ótima para se aventurar num projeto de renda extra: você pode criar um perfil e começar a prestar serviços para terceiros quase de imediato. Não é uma maravilha? Bem, o nome é *Fiverr* por uma razão — todos os serviços oferecidos precisam ter um preço inicial de apenas cinco dólares. É possível utilizá-lo como uma plataforma de lançamento para trabalhar em algo maior, e também é bom brincar com uma estrutura de preços baixos enquanto se habitua com a renda extra; em longo prazo, é provável que você queira ganhar muito mais que cinco dólares por serviço.

Por várias razões, as corporações às vezes aceitam ficar no limiar de rentabilidade de um projeto, ou até mesmo perder, a fim de ganhar algo mais. Todavia, uma renda extra não tem acionistas nem outros centros de lucro para compensar essa perda. Se você passa vinte horas por semana trabalhando na sua renda extra e ela não sai do limiar de rentabilidade, a verdade é que está *perdendo* dinheiro, pois seu tempo vale muito mais que $0. O lucro *precisa* estar incorporado no negócio desde o início.

O melhor da renda extra é que você pode definir o preço do negócio *com base naquilo que funciona para você*. Com esse método de fixação de preços, você determina o lucro que deseja e, em seguida, analisa o que é preciso para atingir esse objetivo. Se superar o objetivo, ótimo! Pense nesse objetivo como seu *padrão mínimo de sucesso*. O que vier a mais significa uma maior validação de sua ideia vencedora e mais dinheiro no banco.

DICAS INFALÍVEIS DE PRECIFICAÇÃO

A precificação é uma arte e uma ciência. No Dia 20, você conhecerá os testes A/B, em que pode colocar vários preços e ver como isso afeta as taxas de conversão. Esse é o método científico — para um método mais criativo, considere as seguintes diretrizes.

1. Sempre que possível, projete o negócio pensando na receita recorrente. Por que vender algo uma vez quando pode vender vezes seguidas? A receita recorrente não é possível em todo o negócio, mas é um ponto que vale a pena considerar ao comparar diferentes ideias. Se todos os outros fatores forem iguais e uma ideia tiver o potencial de receita recorrente, como uma assinatura mensal ou algo que tenha atualizações regulares e pagas, é provável que essa seja a ideia vencedora.

2. Considere a precificação em camadas, na qual os clientes podem pagar mais para obter mais. É bom dar aos clientes *algumas* escolhas, mas não muitas. Você já foi a um restaurante com 150 itens diferentes no cardápio ou com diversos tipos de culinárias? Se não foi, não perdeu muito — é difícil escolher o que pedir e a comida nesses lugares não costuma ser boa. O mesmo vale para a criação de ofertas. Quando se trata de opções de preços, duas ou três opções costumam ser suficientes.

3. Tenha cuidado para não ser esperto demais, e deixe os truques para os canais de televenda. A moda do "escolha quanto você quer pagar" varreu o mundo dos cursos *online* e *e-books* nos últimos tempos. Em geral, não é uma boa ideia — confunde os clientes, e a maioria acabará pagando menos do que pagaria se você apenas se esforçasse para achar o preço ideal. Em vez de ter uma precificação esperta, tenha um ótimo produto e um preço justo (fixo).

4. Não se afaste muito dos preços de mercado. Lembre-se de como Jake Posko, o professor de violão, começou cobrando

50 dólares por hora e, por fim, passou para 80-120 dólares por hora. Você pode se perguntar por que ele não continuou elevando essa tarifa. Bem, ao experimentar preços diferentes, Jake descobriu que havia um teto natural na sua nova profissão. Por mais incríveis que fossem suas "aulas de violão mais iradas do universo", 80 a 120 dólares era a faixa mais alta aceitável para aulas de violão em geral. Se cobrasse qualquer valor *a mais*, perderia clientes. Se cobrasse muito *menos*, perderia dinheiro. Afinal, se fosse possível continuar cobrando cada vez mais sem que os clientes desistissem, todos nós estaríamos tocando nossos projetos de renda extra numa mansão em Beverly Hills.

COMO VOCÊ SE SENTE COM ESSE PREÇO?

"Como decido por quanto devo vender algo? Eu penso em como me sinto com esse preço." Quem me apresentou esse conceito foi Danielle LaPorte, uma amiga de longa data de Vancouver, no Canadá, que faz *planners* de metas, joias personalizadas e outros itens, além de ser autora de *best-sellers*. Tenho que admitir que, quando ela disse isso, não entendi nada. "Como assim, como você se *sente* com o preço?", perguntei.

Ela explicou que, sempre que está tentando decidir o preço final de um novo produto, se concentra na sensação ao pensar nesse valor lá fora, no mundo. Em seguida, seleciona o preço final.

Essa abordagem pode soar um pouco "alternativa", mas o ponto é o seguinte: os sentimentos de Danielle em relação aos preços não se dão num completo vazio de informação. Ela é uma empresária experiente que lançou e administrou várias empresas de sucesso — e é essa experiência que lhe dá a intuição para orientar suas escolhas de preço.

Com o tempo, passei a refletir cada vez mais sobre essa abordagem. Agora, quando defino preços, costumo finalizar o processo fazendo a mim mesmo essa pergunta. Nem sempre ela me dá todas as informações de que preciso, mas, muitas vezes, pode confirmar se estou no caminho certo.

Sara, a gerente de projetos de construção que se duplica como consultora de arte, já completou dez projetos de construção. O modelo de preço por hora para o qual mudou continua a funcionar bem tanto para ela como para os clientes. No ano passado, alguns amigos se reuniram para assistir a uma peça em Londres e a convidaram para ir junto. Antes da renda extra, Sara jamais tivera dinheiro para esse tipo de extravagância; desta vez, quando eles disseram: "Se você for, vai ser divertido!", Sara respondeu: "Por que não?" e comprou um voo de Seattle para Heathrow. Usou o dinheiro da renda extra para essa viagem espontânea, sentindo-se justificada em vez de estressada com a despesa. Trabalhara bastante por esse dinheiro e merecia a recompensa.

Assim como Sara, talvez você precise ajustar seu modelo de preço à medida que descobre como ele funciona no mundo real. Lembre-se: você deve estabelecer um preço e ainda precisa obter lucro. Estabeleça seu preço mínimo, esforce-se para chegar ao preço ideal (na história de Jake, 80 dólares por hora é bem melhor que 50 dólares por hora) e teste diferentes opções. Você só saberá se seu preço é viável depois de divulgar a oferta e ver a reação dos clientes.

DIA 13

FAÇA UMA LISTA DE COMPRAS

> *É provável que seu projeto exija ferramentas, recursos e entregas específicas. Aprenda a encontrar, reunir ou criar todo o conteúdo da sua lista de compras.*

No outono de 2015, Tanner Callais e a esposa ganharam como presente de casamento uma viagem de cruzeiro. Nenhum dos dois havia viajado dessa forma antes e não estavam particularmente animados — mesmo assim foram e acabaram se divertindo muito.

Parte da hesitação inicial devia-se à falta de informações na internet sobre a experiência do cruzeiro. Evidentemente, havia um *site* detalhado da empresa, mas era quase todo voltado a material promocional. O casal queria saber como *realmente* era fazer uma viagem de cruzeiro. Encontraram um monte de fóruns em que viajantes veteranos trocavam recomendações e experiências, mas havia um problema: com milhares de opiniões diferentes, era natural que muitas fossem contraditórias. Tanner não queria navegar por um mar de tópicos distintos em que se discutia qual era o melhor jantar de lagosta. Ele só precisava de algumas informações básicas e imparciais para ajudá-lo a reduzir os custos e ter uma experiência melhor.

A carência de informações imparciais e acessíveis o inspirou a fazer algo para preencher essa lacuna. Como trabalhava em tempo integral como *copywriter*, Tanner já sabia como passar informações de forma útil e divertida. Assim, ao voltar do alto mar, se propôs a construir o *site* que ele mesmo desejara consultar antes de embarcar.

A primeira coisa que fez foi simplesmente escrever. Tanner abriu um documento em branco e começou a anotar todo tipo de ideia para artigos. No início, não estava preocupado com os detalhes; queria apenas ter um número substancial de tópicos para preencher o *site* quando o lançasse.

Depois de montar um *site* simples, ele mudou o foco para a otimização para motores de busca, também conhecida como SEO. Seu objetivo era não gastar nada em marketing e dedicar todos os esforços promocionais para obter uma alta classificação no Google e em outros mecanismos de busca, nos termos e frases que hóspedes de cruzeiro novatos poderiam pesquisar. Como ele mesmo fora um hóspede de cruzeiro novato com muitas perguntas sem respostas, sabia quais informações as pessoas desejavam e quais termos poderiam pesquisar.

Um exemplo: antes de partir para o cruzeiro, Tanner perguntou se poderia ver Netflix a bordo. Dezenas de milhões de pessoas assinam Netflix e é provável que muitos façam viagens de cruzeiros, mas Tanner não conseguiu encontrar ninguém que respondesse de forma sucinta a essa pergunta. Portanto, um de seus artigos no novo *site* tinha o título: "Respondido: Posso ver Netflix num cruzeiro?"

Depois de publicar o artigo, a página saltou para os primeiros resultados de busca no Google e, de imediato, Tanner começou a ver mais tráfego no *site*. Ele aplicou essa estratégia várias vezes seguidas, respondendo a perguntas frequentes (porém pouco respondidas) de viajantes curiosos.

Não era um *hobby*; era um projeto de renda extra. Para ganhar dinheiro, Tanner acrescentou publicidade e programas de afiliados ao novo *site*. Dessa forma, ele seria pago quando os visitantes clicassem nos anúncios ou se associassem a um programa cujo link indicasse. Ficou animado quando seu novo *site* lhe trouxe 100 dólares por mês, mas não parou por aí. Continuou acrescentando páginas, respondendo a perguntas e otimizando para o Google. Em menos de um ano, a renda extra superava 3 mil dólares ao mês.

A RECEITA PARA O SUCESSO DO NEGÓCIO

A essa altura, você já escolheu uma ideia de negócio, transformou-a numa oferta e decidiu quanto cobrará por ela. Você está quase pronto para o lançamento! Mas todo projeto de renda extra exige algum trabalho de preparação: uma lista de coisas que você precisa encontrar, adquirir ou preparar para colocar sua oferta no mundo.

A ideia de Tanner de um blog sobre cruzeiros é brilhante tanto pela simplicidade quanto pela execução. Claro, a ideia era ótima — mas, como você já sabe, nem sempre as grandes ideias se traduzem em rendas extras viáveis e lucrativas. Esta era ótima *e simples de implementar*. Como os projetos de renda extra são pensados como projetos lucrativos e de implementação rápida, o ideal é que você seja capaz de criar um processo simples e eficiente para ir da ideia à implementação no menor tempo possível.

Imagine que você nunca tenha assado um pão, mas decida fazer um dinheiro extra vendendo pão fresco numa feira local. Talvez você tenha as habilidades culinárias da Rita Lobo ou do Alex Atala, mas, para o propósito deste exemplo, finja ser como eu: alguém que é especialista em ferver água para o café. De vez em quando, você pode até conseguir torrar um pãozinho. Fora isso, suas habilidades se restringem a visitar padarias e ligar para o *delivery*.

Nesse cenário, você precisa assar o pão do zero — nada de pedir pelo *delivery*. Há algumas maneiras de abordar esse projeto. Você poderia estudar profundamente a história do pão, acampando na biblioteca para ler sobre a ciência da panificação. Poderia organizar visitas a meia dúzia de padarias para entrevistar mestres padeiros, comparando as respostas sobre a relação farinha/água, temperatura do forno preferida e assim por diante.

Ou poderia pular tudo isso e, simplesmente, colocar a mão na massa (literalmente). No plano *express* de se tornar um padeiro, você procuraria na internet uma receita com instruções simples, e é provável que encontrasse uma em trinta segundos ou menos. Sem envolver grande esforço, suas tarefas seriam:

1. Encontrar uma boa receita;
2. Reunir os ingredientes necessários;
3. Seguir o passo a passo da receita.

Ao completar essas simples etapas, é muito provável que você cumprisse sua missão de fazer pão em pouco tempo. Pode não ser o melhor pão do mundo e é provável que você não competiria com a padaria familiar do seu bairro, mas se seguiu a receita de forma correta, terá completado a tarefa direitinho.

Os empreendedores de projetos de renda extra bem-sucedidos criam ou obtêm uma receita semelhante para levar seu negócio da ideia à implementação. Para cada etapa desse processo, haverá "ingredientes" — as tarefas que você precisa enfrentar, os recursos que precisa adquirir ou os produtos que precisa entregar — de forma a completar sua receita para o sucesso. Quanto mais puder simplificar sua ideia e dividir o processo de criação em etapas claras e específicas, mais fácil será começar a trabalhar com rapidez.

Como a receita específica será única para todos, vamos olhar o processo utilizando como exemplo o negócio de Tanner. Depois de ter a ideia e escolher um formato, a receita de Tanner para criar o negócio exigiu três passos: redação, otimização do *site* e geração de receita.

Passo 1: Redação. Tanner começou a trabalhar fazendo uma lista de perguntas. Depois, só precisava se sentar e escrever de acordo com os tópicos da lista. Esses artigos representavam os primeiros ingredientes. Ele optou por um estilo de escrita objetivo, que focava no tópico e incentivava os leitores a continuarem clicando em outros artigos. Assim que conseguiu um bom número de artigos, deixou-os de lado e passou para o próximo passo.

Passo 2: Otimização. Para parafrasear o clássico koan budista, se um *site* é lançado sem visitantes, ele existe de verdade? Tanner sabia que, assim como precisaria escrever muitos artigos úteis, também teria de se esforçar para garantir que esses artigos fossem vistos. Foi aí que entrou o próximo ingrediente: ele pôs seu conhecimento de *sites* e SEO à prova, criando um *site* simples, escolhendo as palavras-chave certas e monitorando os resultados de busca para verificar qual das suas páginas tinha o melhor desempenho. Em seguida, aplicou esse método a todas as outras páginas e continuou a monitorar o desempenho a cada semana.

Passo 3: Geração de receita. Tanner teve uma boa ideia, sabia como escrever e como atrair as pessoas para o *site*, mas isso não era o bastante. Ele precisava de um modelo de receita. Por sorte, nesse caso, havia um modelo óbvio. Os visitantes que recebia eram "alvo" (ou seja, estavam lá por alguma razão específica; todos que chegavam ao *site* estavam evidentemente interessados em viagens de cruzeiro), por isso, fazia todo o sentido colocar anúncios no Google, seu ingrediente final. O plano para ser pago era claro: trazer as pessoas, servi-las bem e ser recompensado quando elas clicavam nos anúncios. Tudo o que Tanner precisava fazer ou obter para sua renda extra se encaixava num desses três passos. Ele passou da ideia para o negócio em tempo recorde e foi muito bem recompensado.

NOÇÕES BÁSICAS DE COLETA DE INGREDIENTES

Para entender como criar ou reunir os ingredientes necessários para lançar o negócio, vamos ver como esse processo de coleta de recursos se aplica a dois projetos potenciais. Em cada cenário, veremos o que você precisa produzir, bem como alguns componentes adicionais que se relacionam com cada projeto.

OBJETIVO 1: CRIAR UM SERVIÇO DE CURRÍCULOS

Resumo: Você quer ajudar estudantes universitários a conseguirem mais entrevistas e melhores ofertas de emprego, ajudando-os a preparar currículos que obterão destaque dentre um mar de candidatos.

Ingredientes: *Site* para apresentar a oferta, aceitar pagamentos e fazer agendamentos.

PASSOS:

1. **COPYWRITING.** Escreva a oferta, incluindo a promessa, o *pitch* e o preço (consulte o Dia 9 para recordar o tópico).
2. **DESIGN DO *SITE*.** Além de publicar todas as informações do passo 1, insira no *site* uma forma de pagamento, assim como um sistema de agendamento que possibilite a marcação de horários.
3. **MARKETING.** Elabore um plano para estimular os estudantes satisfeitos a lhe indicarem para os colegas.

OBJETIVO 2: CRIAR E VENDER AGENDAS PERSONALIZADAS

Resumo: Você quer criar e imprimir uma agenda divertida e única, diferente de tudo que existe no mercado.

Ingredientes: As agendas em si e um *site* para exibi-las, que aceitará o pagamento dos compradores.

PASSOS:

1. **Criação**. Decida que tipo de agenda você vai produzir e qual será a estética dela.
2. **Produção**. Descubra como e onde as agendas serão impressas.
3. **Marketing**. Procure formas de divulgar a agenda para compradores potenciais. Faria sentido tentar uma campanha de financiamento coletivo para levantar fundos e gerar interesse?
4. **Envio**. Estabeleça um sistema eficiente para atender os pedidos e entregar as agendas aos clientes.

CRIE SUA LISTA DE COMPRAS

Assim como não há duas receitas de bolo exatamente iguais, a receita para cada negócio é diferente. Seus ingredientes podem ser um pouco diferentes dos descritos nesses três passos, mas a lista a seguir apresenta alguns dos mais comuns.

Site. Muitos, para não dizer a maioria, dos projetos de renda extra deveriam ter algum tipo de *site*. Em essência, é um lar virtual — e é provável que você não queira ser um sem-teto. Um *site* tem vários componentes: hospedagem (onde o *site* se localiza) e um sistema de gerenciamento de conteúdo (como Wordpress ou Squarespace), que facilita a publicação de páginas e posts. Não pague demais por um *site*: é possível obter toda a largura de banda e espaço necessários por apenas cinco dólares por mês.

Perfis de mídia social. Não se preocupe em tentar estar em todos os lugares do universo da mídia social ao mesmo tempo. Escolha uma ou duas redes e gaste seu tempo com elas. Porém, *registre* seu nome (ou o nome do seu negócio, se apropriado) nas redes mais populares — mesmo que não pretenda usá-las — para garantir que ninguém o faça antes. Pesquise "verificador de nomes sociais" para achar diversos diretórios que permitem verificar a disponibilidade do nome escolhido em múltiplas redes ao mesmo tempo.

Ferramenta de agendamento. Isso é importante para *coaches*, consultores ou qualquer um que precise marcar horários para compromissos envolvendo outras pessoas. Evite o interminável vaivém de "Que horas você pode?" com um programa que exibirá horários aceitáveis para você e para o cliente.

Fluxo de trabalho. Um processo detalhado de vendas ou serviços, ou uma campanha de boas-vindas para seus novos clientes. Você aprenderá a fazer ambos no Dia 15.

Sistema de pagamento. Pode incluir um carrinho de compras no seu *site*, uma conta PayPal, um sistema de faturamento ou qualquer uma das opções que você conhecerá na aula de amanhã.

> *Observação: Não listei nenhum software ou marca específica aqui, porque eles podem não estar atualizados ou disponíveis quando você estiver lendo este livro. Para ver uma lista que é atualizada com frequência, visite SideHustleSchool.com/resources (disponível apenas em inglês).*

HORA DE TESTAR A RECEITA

Uma receita é tão boa quanto o produto final que você tira do forno. Portanto, enquanto elabora a sua, as respostas a estas duas perguntas devem receber o máximo de atenção:

1. Qual será a experiência das pessoas depois de comprar sua oferta?
2. O que precisa acontecer para que você entregue essa experiência?

A primeira pergunta levará você ao produto ou serviço que você oferece aos clientes. A segunda ajudará a escolher a receita certa e garantir os ingredientes necessários para ser bem-sucedida.

Os principais ingredientes de Tanner eram as respostas a perguntas sobre cruzeiros na forma de posts no blog. Quando a estrutura já estava montada, ele só precisava escrever posts melhores e mais úteis, ao mesmo tempo em que otimizava o *site* para competir de forma mais efetiva nos resultados de busca.

No caso dele, as respostas a essas duas perguntas surgiram naturalmente: as pessoas receberão informações extensas (mas de fácil leitura) sobre o que esperar em suas férias. Suas vidas ficarão melhores porque eles poderão planejar melhor e se sentir mais confiantes antes de viajar.

A melhor parte do negócio de Tanner era que, dominado o processo, tornou-se muito fácil repeti-lo vezes seguidas. De fato, como em qualquer boa receita, se você inventar um bom processo, os resultados devem continuar melhorando mais cada vez que a puser em prática.

Evidentemente, Tanner seria remunerado — todo santo mês. Ele traçou sua rota e foi navegar num mar de renda recorrente.

DIA 14

DETERMINE UMA FORMA DE PAGAMENTO

> *Agora, você tem muito mais do que apenas uma ideia —
> está prestes a ter um projeto de renda extra concreto. Antes
> de prosseguir, certifique-se de ter também uma forma
> concreta de ganhar dinheiro de verdade com isso.*

Parker McDonald estava fascinado com o mundo da renda extra. De dia, trabalhava como gerente de TI, mas queria ganhar um dinheiro a mais e começar a construir segurança financeira de longo prazo. Tinha ouvido falar do *site* Fiverr, no qual poderia anunciar alguns serviços. Como não tinha nada a perder, inscreveu-se e começou a disputar pequenos projetos.

Os resultados iniciais não foram animadores. Conseguiu algum trabalho, mas recebia o equivalente ao salário mínimo. Por sorte, um desses projetos iniciais logo levou a algo maior. Um cliente estrangeiro em busca de um falante nativo de inglês pediu que Parker criasse um vídeo para o pequeno negócio dele. O vídeo ficou bom, e Parker ficou surpreso com o quanto se divertiu com o trabalho. O cliente o indicou para outros contatos e, em poucas semanas, ele recebeu vários pedidos de locução, que pagavam mais que os trabalhos aleatórios de revisão ortográfica que conseguiu pela primeira vez pelo Fiverr. Além disso, os custos de inicialização foram extremamente baixos: ele só comprou um microfone de 100 dólares e baixou um *software* gratuito de edição de áudio.

Quando Parker criou o perfil no Fiverr, o sistema pediu os dados da sua conta bancária. Duas vezes por mês, todo dinheiro que ganhasse durante o período anterior de pagamento seria automaticamente transferido para ele. Em menos de um ano e com uma dedicação de tempo muito limitada, a locução lhe rendeu mais de oito mil dólares — mais que o suficiente para cobrir a parcela mensal do seu carro, um programa especial com a esposa toda semana e o início de uma poupança vitalícia.

SEM UMA FORMA DE PAGAMENTO, VOCÊ NÃO TEM UM NEGÓCIO

Parece óbvio: se quer ganhar dinheiro, precisa encontrar uma forma de recebê-lo. No entanto, continuo surpreso com a quantidade de *sites* de varejo com um botão de *checkout* difícil ou impossível de se encontrar, ou com a quantidade de negócios que não têm um processo eficiente para encaminhar e organizar as faturas. Uma vez, tive que procurar um fornecedor cinco vezes para descobrir o que eu lhe devia e como poderia pagar — ele fez com que lhe pagar fosse algo complicado! Muitos empreendedores de renda extra que encontrei têm *alguma* forma de serem pagos, mas o processo é muito mais difícil do que precisa ser.[6]

Não cometa esse erro. Antes de lançar seu negócio para o mundo, você precisa de um sistema de pagamento em vigor. O sistema de que precisa vai variar de acordo com o tipo de negócio que está começando. Ao longo deste livro, faço uma distinção entre vender um produto ou prestar um serviço e, no Dia 12, você aprendeu sobre os diferentes modelos de preços mais adequados para ambos. Quando vende um produto, seja um item físico ou digital, o preço deve refletir o custo das

---

6. Você já deve saber como será pago pelo negócio que está começando. Se for o caso, ótimo! Fique à vontade para folhear o resto da lição deste dia e passar para a próxima.

despesas mais o lucro mínimo aceitável por item ou venda. No caso da venda de serviços, em que você vende tempo ou experiência, o ideal é definir o preço inicial de acordo com a receita mínima aceitável por hora, ou cobrar uma taxa fixa com base no valor do seu tempo.

Assim como o modelo de precificação dependerá, muitas vezes, da categoria em que seu negócio se encaixa, o mesmo ocorrerá com o método de pagamento escolhido. Se estiver vendendo um produto, é provável que um sistema de pagamento simples atenda suas necessidades; para a venda de serviços, você também precisará de um método fácil para lançar as faturas aos clientes.

SISTEMAS DE PAGAMENTO SIMPLES

Se você já tem um sistema de pagamento configurado, talvez possa pular esta seção. Se está apenas começando ou se procura simplificar, aqui estão três boas soluções. Cada uma delas tem vantagens e desvantagens das quais você deve estar ciente e deve levar em conta em sua decisão.

Paypal. Testado, aprovado e extremamente simples, o PayPal é utilizado em quase todos os países do mundo por mais de 200 milhões de clientes. Se ainda não tem uma conta PayPal, primeiro se belisque para garantir que não passou os últimos vinte anos dormindo. Em seguida, entre no *site* PayPal.com e inscreva-se de forma gratuita. Você pode adicionar um botão ou link ao seu *site* para receber através do PayPal, ou pode enviar faturas aos clientes diretamente pelo sistema.

Shopify. Se você vende produtos com uma quantidade fixa (ao contrário de um serviço ou produto com quantidade ilimitada, como um *e-book* ou aplicativo), os benefícios deste sistema são o carrinho de compras e a ferramenta de gerenciamento de estoque, ambos fáceis de usar. Além disso, você pode criar um *site* básico direto da interface. Centenas de milhares de pessoas usam o Shopify, e o serviço se concentra em atender vendedores individuais, em vez de grandes empresas. Para obter um teste gratuito e verificar se o sistema funciona para você, visite Shopify.com/sidehustle.

Stripe. É um sistema de pagamento que funciona com muitos outros sistemas para receber pagamentos diretamente no seu *site*. É mais barato que o PayPal e mais personalizável que o Shopify, mas também requer maior configuração. Use-o se souber o que está fazendo, ou se seu negócio está indo bem e você quiser partir para o próximo nível.

Esses são apenas alguns dos muitos sistemas de pagamento existentes. Dependendo do seu nível de conhecimento técnico, alguns podem ser mais fáceis para você do que outros. Seja qual for a sua escolha, certifique-se de que seja algo fácil para você *e* para seus clientes.

É LEGAL RECEBER NOTIFICAÇÕES DE PAGAMENTO

Quer experimentar a sensação de roubar uma caixa registradora sem ir para a cadeia? Conecte seu telefone ao seu sistema de pagamento e, em seguida, ative as notificações de pagamento. Para obter melhores resultados, atribua à notificação de pagamento um alerta sonoro que soe como uma caixa registradora ("Tlim-tlim!").

Sim, eu sei — você já está sendo bombardeado com inúmeras mensagens no WhatsApp e em outras redes e, com certeza, um monte de outros avisos. Será que mais um fluxo de notificações irritantes é uma boa ideia? Confie em mim: receber notificações informando sobre dinheiro entrando na sua conta bancária não será irritante. Será *fantástico*. Se as notificações se tornarem uma distração em algum momento, você pode desligá-las. Até lá, experimente a alegria de ouvir o som de caixa registradora no seu telefone anunciando uma nova venda.

FATURAS SIMPLES

Alguns negócios, em geral aqueles relacionados a serviços, exigem que os clientes sejam faturados em determinado ponto do processo. Se parece uma burocracia chata, pense desta forma: sem um meio imediato de apresentar as faturas e sem qualquer tipo de acompanhamento que garanta que você seja pago, você estará trabalhando de graça.

Os cronogramas de pagamento podem variar, mas, para simplificar, o ideal é escolher um dos três seguintes:

- Pagamento integral antes do início do trabalho;
- Pagamento de um sinal antes do início do trabalho e do restante do valor na conclusão;
- Pagamento integral quando o trabalho for concluído.

Qual destes você escolhe depende, em grande parte, do tipo de serviço que fornece. Como cliente, é provável que você já tenha feito pagamentos a pessoas e empresas dessas três formas em momentos diferentes. De manhã, ao entrar no ônibus para o trabalho, você não paga "metade agora, metade depois". Você entrega ao motorista seu dinheiro ou bilhete e ele o deixa entrar no veículo. Porém, se estiver fazendo uma assinatura de TV a cabo ou internet, é provável que não pague tudo de uma vez. Você paga uma taxa de inscrição seguida de uma série de pagamentos mensais, geralmente debitados de modo automático na sua conta bancária. Por último, quando a maioria de nós vai ao médico ou dentista, em geral pagamos a recepcionista (ou assinamos os papéis do convênio) na saída.

Fique com o simples e faça o que for comum no seu setor (embora o pagamento adiantado seja sempre melhor, se for possível escolher). Seja qual for a sua escolha, muitas vezes a tarefa de estabelecer uma opção de pagamento engloba várias partes:

- Escolha as opções de pagamento que aceitará (cartão de crédito, cheque, transferência bancária etc.);
- Se emitir nota fiscal, decida como vai prepará-las e enviá-las;
- Se emitir nota fiscal, determine um prazo e um procedimento para clientes que não pagam de imediato (por exemplo, planeje enviar um e-mail de acompanhamento no segundo dia de atraso e, em seguida, um telefonema, se ainda não tiver sido pago até o quinto dia);
- Não há necessidade de inventar um sistema totalmente novo de faturamento. Basta que o sistema seja conveniente para você e descomplicado para seus clientes.

CONTRATOS SIMPLES

O objetivo de um contrato é cobrir suas bases, ao mesmo tempo em que estabelece o equilíbrio certo entre a sua proteção e seus esforços. Quer percebamos ou não, todos nós celebramos contratos todos os dias ao fazer compras *online* ou, até mesmo, quando compramos numa loja física.

Você nem sempre precisa de um contrato detalhado de compra de tudo que vender e, de fato, um contrato muito restritivo pode ser, às vezes, desestimulante. Por exemplo, uma vez, contratei alguém para realizar um pequeno projeto. Não era nada muito complicado e a conta total foi de cerca de 250 dólares. A pessoa me surpreendeu ao enviar um contrato de oito páginas incluindo todo tipo de cláusulas e restrições. Eu ofereci o pagamento do valor integral antes do início do trabalho, mas não assinei o contrato.

Um contrato básico deve especificar o que você vai fazer, quanto será pago e quando será pago. E é tudo. Como observado no Dia 11, você pode preenchê-lo por e-mail (sim, tem valor legal), descrevendo o seguinte:

1. O que você vai fazer;
2. Quanto lhe será pago;
3. Quando você será pago.

Um contrato básico também deve especificar as suas proteções. Por exemplo, e se o trabalho for feito pela metade? No caso de um trabalho criativo, está claro quem é o proprietário do que foi produzido? A maioria desses termos pode ser apresentada em duas ou três páginas, no máximo.

Estabelecer uma maneira de ser pago é simples, mas fundamental. O dinheiro tem de encontrar o caminho até sua conta bancária. Escolha pelo menos um método de pagamento e certifique-se de que esteja pronto (e funcionando bem) antes de lançar seu negócio.

DIA 15

PROJETE SEU PRIMEIRO FLUXO DE TRABALHO

Você está bem encaminhado e quase pronto para lançar o seu negócio. Ao listar os próximos passos de forma ordenada, você evitará contratempos e se sentirá mais confiante.

Amanda MacArthur dirige uma agência de marketing de conteúdo com o marido no Vale Quabbin, no interior do estado de Massachusetts. Há seis anos na função, ela gosta de gerenciar uma equipe e atender empresas de *software* do mundo todo.

Ela também gosta de cozinhar e segue uma dieta especial conhecida como cetogênica (parecida com a dieta Paleo, mas sem amidos ou açúcares). Alguns anos atrás, Amanda começou a postar receitas num *site*, mais como forma de organizá-las para si mesma. Como seu trabalho diário envolve o gerenciamento de *sites*, ela não pôde deixar de adicionar um toque de marketing, instalando um formulário de captura de e-mails e links para alguns produtos afiliados.

Sem dar muita atenção ao projeto, um dia Amanda percebeu que havia mais de três mil pessoas inscritas. *Que interessante*, pensou, mas estava ocupada no trabalho e considerava o projeto apenas um *hobby* pessoal, não um projeto de renda extra em potencial. Por fim, alguns meses depois, quando o número de assinantes chegou a seis mil, ela enviou o primeiro e-mail para o grupo. Disse que estava trabalhando num livro de receitas — será que algum deles gostaria de encomendar na pré-venda?

Para sua surpresa, muitos assinantes responderam que sim. No final do dia, Amanda havia feito mil dólares.

Ao longo das semanas seguintes, ela viveu com medo de que a chamassem de fraude e pedissem reembolso. Em vez disso, os e-mails que recebia eram cheios de elogios e agradecimentos. Os leitores de suas receitas claramente gostaram do que ela tinha a oferecer.

Como o *site* continuava a crescer em popularidade, Amanda foi abordada por uma editora que queria criar um livro impresso com suas receitas. Entre esse projeto e o *e-book* original, o negócio agora rende pelo menos dois mil dólares por mês. Ela sente que *poderia* investir mais tempo para vê-lo decolar ainda mais, mas também está feliz com o seu trabalho na agência; então, pelo menos por enquanto, o projeto de renda extra segue sendo uma atividade paralela.

CRIE UM FLUXO DE TRABALHO E PREPARE-SE PARA ENTRAR NO JOGO!

Você tomou suas decisões iniciais; agora, é hora de colocar tudo em movimento. De alguém que teve uma ideia, você vai passar a ser alguém que tomou uma atitude e transformou sua ideia em realidade. Na próxima seção, seremos muito mais específicos sobre como sua ideia será apresentada a clientes potenciais. Depois disso, falaremos sobre como distribuí-la a esses clientes num teste no mundo real. Para ter certeza de que você está pronto, criaremos primeiro uma lista de tudo que precisa acontecer ao longo do caminho. Essa lista se chama *fluxo de trabalho.*

Um fluxo de trabalho é simplesmente uma série de atividades ou processos que devem ocorrer para que um projeto siga até o fim. No caso de projetos de renda extra, isso envolve tudo que precisa acontecer para que os compradores façam uma compra *e* recebam aquilo que compraram. Como em todos os outros exercícios deste livro, você não precisa de um *software* especial nem de um diploma de engenharia para criar um fluxo de trabalho. Você precisa apenas fazer algumas anotações, seja em formato de lista ou num estilo mais visual, como verá a seguir.

Na história de Amanda, o fluxo de trabalho de clientes começou muito antes de haver clientes reais: começou quando ela passou a postar receitas *online* gratuitas, focando apenas em oferecer informação útil, não em lucrar com isso. No entanto, Amanda fez algo muito inteligente que abriu caminho para suas vendas futuras: acrescentou um convite para que os leitores se inscrevessem numa lista de e-mails, abrindo assim as portas da comunicação de uma forma que não obrigava as pessoas a visitar o *site* o tempo todo.[7]

O fluxo de trabalho para a criação dessa lista de e-mails era semelhante ao que descrevemos a seguir:

FLUXO DE TRABALHO PARA A INSCRIÇÃO NA LISTA DE E-MAILS

1. Escolha um serviço de lista de e-mail e crie uma conta.

2. Adicione o código fornecido pelo serviço de lista de e-mail a pelo menos uma página no seu *site*.

3. Escreva um CTA (chamado à ação) que encoraje os leitores a participarem da lista.

4. Escreva uma mensagem de boas-vindas para ser enviada a quem se inscrever na lista. Diga a eles quem você é e o que podem esperar dos futuros e-mails.

---

7. O convite de Amanda dizia o seguinte: "Toda semana, vou te enviar minhas receitas cetogêncicas/Paleo favoritas. 10 carboidratos ou menos!"

Com essa lista, quase de imediato, os visitantes do blog de Amanda passaram de meros leitores a clientes potenciais. Quando ela decidiu tentar vender aquele primeiro *e-book* para todos que procuravam suas receitas, seu fluxo de trabalho era semelhante ao descrito a seguir:

FLUXO DE TRABALHO DO PROCESSO DE COMPRA

1. Clientes potenciais visitam a página de vendas para saber mais sobre o livro.

2. Quando clicam no link para encomendar o livro, são direcionados para o sistema de *checkout*.

3. Ao efetuar a compra, os clientes são redirecionados a uma página na qual podem fazer o *download* do livro.

4. Compradores também recebem um e-mail de confirmação, agradecendo pela compra e indicando onde podem fazer o *download* do livro (é bom ser redundante).

5. Os clientes são colocados numa nova lista de envios para receber atualizações gratuitas e informações adicionais.

Observe que esse fluxo de trabalho é descrito a partir da perspectiva do cliente: alguém interessado nesse tipo de dieta visita o *site*, compra o livro, recebe o livro e assim por diante. O processo de Amanda pode ser um pouco diferente ou exigir etapas adicionais, mas imaginá-lo do ponto de vista de seus clientes ajudou a garantir que ela estava registrando tudo que precisava fazer para tornar a experiência deles a mais tranquila possível.

VERIFICAÇÃO DE PROBLEMAS

Um dos benefícios do fluxo de trabalho do cliente é que ele ajuda você a identificar pontos onde algo pode dar errado. Por exemplo, a etapa 4 do fluxo de trabalho da Amanda exige que os consumidores façam o *download* da compra após o pagamento. Mais de uma vez, ao configurar um fluxo de trabalho como esse, detectei erros como ter digitado a URL errada da página de *download* ou não ter feito o *upload* dos arquivos certos.

Por sorte, Amanda foi mais inteligente que eu. Ela verificou os possíveis erros desse processo com atenção, comprando seu próprio produto com um endereço de e-mail diferente daquele usado para configurar a conta. Então, certificou-se de que tudo funcionava como deveria, primeiro visitando a página de *download* para a qual foi direcionada após a compra, verificando em seu e-mail se a mensagem de confirmação foi recebida e, por fim, fazendo o *download* do livro usando ambos os métodos.

Uma maneira de resolver qualquer problema de fluxo de trabalho é testar você mesmo a experiência do usuário, como fez Amanda no exemplo anterior. Outra é simplesmente se perguntar: "o que poderia dar errado?".

Para simplificar, outras perguntas de solução de problemas podem incluir:

- Se seu sistema depende da comunicação por e-mail, o que acontece se as pessoas não receberem o e-mail?
- Se estiver enviando um produto, o que acontece se as pessoas inscreverem o endereço de envio errado ou se um item desaparecer?

- Se estiver agendando uma sessão de *coaching*, seu calendário acomoda fusos horários diferentes? E se um de vocês precisar mudar o horário agendado?

Ao pensar em diferentes cenários de problemas, você pode identificar soluções óbvias que economizarão tempo e evitarão aborrecimentos mais tarde. Se os clientes precisarem receber um e-mail, por exemplo, você pode deixar isso bem claro no momento da compra ("Importante: verifique seu e-mail de imediato e confirme se recebeu uma mensagem nossa. Se não a tiver recebido dentro de 24 horas, escreva para ajuda@meusite.com").

É claro que você não poderá prevenir todos os contratempos. A melhor maneira de aperfeiçoar seu projeto de renda extra é por meio da experiência de interação com os clientes no mundo real. Ainda assim, o objetivo de verificar os fluxos de trabalho é evitar erros comuns e recorrentes que poderiam tirar o negócio dos trilhos.

O QUE MAIS PRECISA ACONTECER?

Os exemplos na lição de hoje devem fazer você pensar em seu próprio fluxo de trabalho; porém, como cada renda extra é única, você precisa construir a própria lista. É provável que existam alguns processos específicos associados à ideia que só você conhece. Reserve algum tempo para anotá-los no formato que preferir.

As perguntas a seguir podem ajudar.
- Como os clientes potenciais ficarão sabendo da sua ideia?
- O que acontecerá depois que alguém comprar ou se inscrever no que você estiver oferecendo?
- O que mais precisa acontecer para que seu cliente possa pagar e receber seu serviço ou produto?
- Como procederia se o livro parasse aqui, e ainda tivesse que lançar seu negócio nos próximos doze dias?

Faça sua lista de tarefas, ações e próximos passos. Quanto mais detalhes, melhor. Se não tiver certeza de algo, tudo bem. Mas liste todas as tarefas e ideias que puder. Você vai se sentir mais confortável com os fluxos de trabalho à medida que perceber como eles podem facilitar a vida — tanto a sua quanto a dos seus clientes.

DIA 16

GASTE 10% MAIS TEMPO NAS TAREFAS MAIS IMPORTANTES

> *Muitos novos empreendedores se envolvem em detalhes triviais que roubam tempo do trabalho importante. Para evitar essa armadilha, mantenha o foco em apenas duas coisas.*

Oliver Asis trabalha como engenheiro civil para o estado da Califórnia. Ele também é fotógrafo de paisagem amador, com um bom olho e muita habilidade técnica. Quando um amigo lhe pediu para fotografar seu casamento, ele aceitou de bom grado — mas, uma hora depois, começou a entrar em pânico quando caiu a ficha do que se comprometera a fazer. Nunca havia fotografado um casamento antes; nem mesmo havia ido a muitos casamentos. Sabia que a maioria dessas cerimônias seguia um protocolo geral e que deveria tirar muitas fotos da noiva, mas também pensou que fotografar casamentos é algo que só se aprende fazendo.

Muitas pessoas na situação de Oliver teriam entrado em pânico e procurado um curso intensivo para aprender tudo que pudessem sobre fotografia de casamento: escolheriam uma aula na faculdade local, estudariam uma pilha de manuais ou, talvez, leriam tudo que encontrassem na internet sobre o assunto. Oliver teve uma ideia melhor. Em vez de embarcar num projeto de pesquisa insaciável, decidiu investir tempo obtendo experiência real, oferecendo-se para fotografar um casamento por um valor muito baixo, para o primeiro casal que topasse. Anunciou sua oferta na Craigslist: *Disponível: fotógrafo de casamento barato, mas esforçado; 250 dólares para o primeiro que pedir!*

Quando me contou a história, mais tarde, ele disse, sem rodeios: "Não queria mandar mal no casamento do meu amigo, mas não me sentiria culpado se mandasse mal no de um estranho".

Depois de marcar um encontro com a noiva que respondeu ao anúncio, percebeu que, na verdade, não tinha um portfólio para lhe mostrar. Pensando rápido, escolheu a dedo algumas de suas fotos de paisagens favoritas — que não tinham nada a ver com casamentos, mas eram tudo o que tinha — e imprimiu algumas. Como não passava de um experimento, achou que não valia a pena passar horas tirando uma série de fotos totalmente nova. Seu tempo foi gasto de uma forma melhor: preparando-se para o próximo trabalho.

Por sorte, ele não mandou mal no casamento do casal desconhecido. Foi uma experiência de aprendizado que lhe deu mais confiança para a próxima, e a noiva adorou as fotos. O primeiro "frila" rendeu apenas 250 dólares por muito trabalho. No mês seguinte, uma amiga pagou-lhe 500 dólares para registrar o casamento dela. Com mais experiência e um portfólio de fotos de casamento reais, em pouco tempo ele pôde cobrar muito mais. Agora, Oliver faz pelo menos um casamento por mês por um preço inicial de 3.500 dólares.

A história de Oliver é a narrativa clássica de um projeto de renda extra. Ele não sabia como fazer algo, mas deu um jeito. A história também ilustra outro princípio importante: faça mais do que é importante e menos do que não é. Oliver não se envolveu em muitos detalhes minuciosos; ele concentrou todos os esforços em usar suas habilidades para criar uma ótima experiência para o cliente.

Mais tarde, à medida que seu negócio crescia, ele também foi esperto ao se concentrar em fazer aquilo que lhe permitia elevar seus preços a um valor muito mais razoável. Optou por fazer anúncios voltados a uma clientela bem-remunerada e aumentou o valor percebido de seus serviços publicando as resenhas recebidas. Essas duas áreas gerais, proporcionar mais valor e fazer mais dinheiro, devem ser seu foco principal enquanto se prepara para lançar seu negócio — e à medida que o expande também.

FOCO 1: MUDAR A VIDA DE SEU CLIENTE

Muitas pessoas procuram um atalho para o sucesso. Na cabeça delas, esse atalho é uma espécie de "macete" para chegar ao topo, colocando-as na frente da fila ou pulando muitas etapas. Com um projeto de renda extra, os macetes ajudam mesmo. Eles podem permitir que você seja mais eficiente e mais produtivo. Até certo ponto, podem lhe ajudar a ganhar mais dinheiro.

Mas o melhor macete de todos é conseguir fazer a diferença na vida das pessoas ou, pelo menos, na vida do cliente ideal, que você identificou no Dia 8.

A forma como você obterá sucesso em longo prazo não tem nada a ver com macetes. Se o negócio é construído por meio de artimanhas ou táticas, você não tem um ativo de verdade; você tem uma oportunidade em curto prazo, que terminará mais cedo ou mais tarde. No caso de Oliver, no encontro com sua primeira cliente, ele poderia ter tentado impressioná-la com uma explicação detalhada sobre todo seu equipamento técnico, ou poderia ter entrado num longo monólogo sobre sua visão e filosofia artística. Qualquer uma dessas conversas poderia soar natural para ele como fotógrafo, mas nenhuma delas interessaria muito à noiva. Ela queria, sobretudo, a resposta a uma simples pergunta: ele tinha tudo que era preciso para fazer um bom trabalho?

Oliver já era um bom fotógrafo, mas precisava aprender a ser um bom *fotógrafo de casamento*. O melhor que podia fazer para se preparar para o casamento do amigo era ganhar experiência em outro casamento, e foi exatamente nisso que focou.

Não importa qual seja o seu negócio, você deve sempre se concentrar em aprimorar a experiência para seu cliente. Os métodos para isso poderiam incluir:

- Prometa menos, entregue mais. Gerencie as expectativas, mas vá além sempre que possível.
- Responda a necessidades não ditas. Eles o contrataram para determinada tarefa, mas existe mais alguma coisa de que eles precisam que seria simples de oferecer também? Se descobrir algo do gênero no decorrer da execução de um serviço, ofereça-se para ajudar pelo menos uma vez sem nenhum custo adicional.
- Destaque os resultados positivos. Se você faz algum tipo de comunicação pós-venda com os clientes, *mostre* por A mais B como seu serviço os beneficiou. Eles podem não perceber de imediato como suas ações tornaram a vida deles mais fácil, mais confortável e/ou mais agradável; portanto, aponte a eles com sutileza.

FOCO 2: GANHAR MAIS DINHEIRO

A segunda área de foco está relacionada a você. Existem ótimos motivos para se ter um projeto de renda extra, mas nunca se esqueça de que o dinheiro é um deles. O seu negócio precisa ser lucrativo! À medida que foi ganhando experiência, Oliver se afastou dos truques apelativos ("Faço suas fotos de casamento por 250 dólares") e se colocou à disposição de casais com um orçamento maior. Ele poderia ter continuado a anunciar seu serviço na Craigslist, mas é provável que estivesse sempre competindo com base no custo, não no valor. A escolha de um fotógrafo de casamento depende muito da reputação; por isso, Oliver se certificou de que seu serviço continuasse excepcional.

As formas de ganhar mais dinheiro poderiam incluir:

- Comprometa-se com um cronograma de aumentos de preço periódicos. As pessoas entendem que a maioria das empresas aumenta seus preços ao longo do tempo. Às vezes é bom ser a exceção... mas não é o caso aqui.
- Busque rendimentos adicionais. Assim que estiver ganhando dinheiro, não costuma ser difícil ganhar mais. Pesquise o que mais você poderia fazer para obter uma renda extra com pouco investimento suplementar de tempo.
- Comece mais um projeto paralelo. A maioria dos empreendedores têm mais de um projeto de renda extra ao longo da vida. Depois de lançar um projeto, considere o que lhe espera no futuro. Sabe o que é melhor que duas fontes de renda? Três.

DEDIQUE 25 MINUTOS POR DIA A ALGO QUE FOMENTE O NEGÓCIO

Quem tem um projeto de renda extra tende a cair na armadilha de tentar fazer demais. Isso não acontece apenas com os superocupados; alguns de nós, proprietários de pequenas empresas que trabalhamos nelas em tempo integral, não somos diferentes. Na verdade, como empreendedor de um projeto de renda extra, você tem a *vantagem* intrínseca de não ter o dia todo para se dedicar ao negócio. Não basta trabalhar muito; é preciso trabalhar com inteligência.

Anos atrás, eu morava num navio-hospital na África Ocidental. Eu trabalhava como voluntário durante o dia. À noite e de manhã cedo, trabalhava num projeto de renda extra que ficava nos Estados Unidos. Éramos apenas eu e um assistente, ambos com horas limitadas para dedicar a esse trabalho — e, como o negócio estava decolando, não faltava o que fazer nem e-mails para responder. Algumas vezes, me senti sobrecarregado tentando dar conta de tudo, sobretudo porque minha prioridade era o trabalho que fazíamos em países pós-conflito, como Libéria e Serra Leoa.

Em algum momento dessa época, peguei o hábito de fazer, todas as manhãs, uma tarefa que não tivesse nada a ver com a administração do negócio e tudo a ver com o *crescimento* dele. Meu tempo livre ainda era limitado — tinha só uns 25 minutos, geralmente — mas, durante esse período, eu deixava todo o resto de lado e me dedicava apenas à tarefa associada ao crescimento do projeto. O fato de carregar um caderno comigo e anotar ideias para o meu "tempo para fazer algo de verdade" (como apelidei a tarefa) ajudou. Estabeleci uma regra de não abrir meu computador antes de iniciar essa sessão, sem saber o que queria fazer nesses 25 minutos. De outro modo, acabaria distraído e não conseguiria executar nada de valor.

Fazer isso antes de começar o meu dia tinha muitas vantagens. Por um lado, à medida que o caos do dia se desenrolava, eu sentia a satisfação de que não importava o que acontecesse, pelo menos a tarefa da manhã tinha sido feita. Também notei que, se deixasse de seguir esse hábito no início da manhã, era muito difícil passá-lo para o resto do dia. Quando terminava meu dia de trabalho, já estava cansado. Eu me forçava a responder o maior número possível de e-mails, e é provável que pudesse realizar outras tarefas administrativas; contudo, no fim do dia, as chances de voltar àquela mentalidade orientada para o crescimento eram quase nulas.

Quando você foca no que importa, avança muito mais. Não se deixe desviar das duas coisas mais importantes para a sua renda extra: o benefício oferecido aos clientes e a renda que ela traz a você. Gaste pelo menos 10% mais tempo em cada uma dessas áreas, e perca menos tempo em todo o resto.

O trabalho barato de Oliver na Craigslist valeu a pena — rendeu-lhe uma boa experiência e ele aprendeu bastante. No entanto, Oliver não queria ganhar cinco dólares por hora de trabalho, a remuneração aproximada que ganhara levando em conta tudo relacionado à preparação, fotografia e processamento das fotos de casamento daquele primeiro cliente. Com aquela experiência, junto com a do casamento de seu amigo, ele se sentiu muito mais confiante na sua capacidade de criar um belo conjunto de memórias para os noivos. Assim, aumentou o seu preço até chegar num valor que refletia a única coisa que mais importava: a alegria que trazia para a vida de seus clientes.

SEMANA 3 – RECAPITULANDO!

Você passou da geração de ideias para a criação de uma oferta, e está na hora de avançar para a execução. Agora que tem uma oferta sólida para apresentar aos clientes — e também uma forma de ser pago por isso — pode passar para a etapa que você estava esperando: *o lançamento*.

PONTOS-CHAVE

- As ideias devem se transformar em ofertas para que as pessoas possam pagar por elas. Uma oferta inclui uma promessa, um *pitch* e um preço.
- Use o modelo de preço margem para definir seu preço. O ideal é que o valor seja baixo o bastante para não afastar clientes ou perdê-los, mas alto o suficiente para que você ainda ganhe o necessário para que valha a pena para você.
- Uma vez que sua ideia esteja mais bem formada, crie fluxos de trabalho e liste todas as ações que seu cliente precisará realizar desde a descoberta até a compra (em seguida, considere alguns cenários comuns para encontrar soluções para possíveis erros).
- Faça com que o pagamento seja o mais fácil possível para os clientes. Comece sempre com a tecnologia mais simples. Você pode fazer um *upgrade* mais tarde se o negócio decolar.
- Quando não tiver certeza de como dispender o tempo do seu negócio, concentre pelo menos 10% a mais do tempo em duas coisas: mudar a vida das pessoas e ganhar mais dinheiro.

SEMANA 3: PREPARE-SE PARA DECOLAR

Dia 11: Junte as peças

Dia 12: Defina o preço da sua oferta

Dia 13: Faça uma lista de compras

Dia 14: Determine uma forma de pagamento

Dia 15: Projete seu primeiro fluxo de trabalho

Dia 16: Gaste 10% mais tempo nas tarefas mais importantes

SEMANA 4

MOSTRE SUA IDEIA PARA AS PESSOAS CERTAS

Depois de um planejamento cuidadoso, você está pronto para levar sua oferta ao mundo. A hora é agora!

> **SEMANA 4:**
> **MOSTRE SUA IDEIA PARA AS PESSOAS CERTAS**
>
> Dia 17: Anuncie sua oferta!
> Dia 18: Venda como uma escoteira
> Dia 19: Peça ajuda a dez pessoas
> Dia 20: Teste, teste e teste mais uma vez
> Dia 21: Queima total por tempo limitado
> Dia 22: Emoldure o seu primeiro real

DIA 17

ANUNCIE SUA OFERTA!

> *Qual é o melhor momento para divulgar sua oferta e ver o que acontece? Normalmente, antes que você esteja pronto.*

Quando a primeira versão do iPhone foi lançada em 2008, Steven Peterson estava animado. Ele vinha desenvolvendo *softwares* havia dezesseis anos e queria aprender a construir algo na novíssima plataforma iOS da Apple.

Na época, ele saía de São Francisco para Palo Alto todos os dias, uma viagem de 50 quilômetros que podia demorar até duas horas, dependendo do movimento. Assim como ele, dezenas de milhares de pessoas se deslocavam diariamente para a Bay Area, na Califórnia, e, a cada manhã, todos se perguntavam: como estará o trânsito hoje?

Apesar de haver muita informação na internet sobre o tráfego, não era algo facilmente acessível ou compreensível para a maioria. Steven tinha a intuição de que a estreia do iPhone era mais do que apenas mais o lançamento de um produto. Percebeu o potencial do aparelho de melhorar o dia a dia, e o fato de milhões de unidades terem sido compradas na pré-venda por consumidores ávidos reforçou essa percepção.

A Apple planejava lançar o produto com uma App Store *online*, na qual novos compradores poderiam incluir os aplicativos que escolhessem nos seus primeiros aparelhos. Depois da popularização do iPhone, mais de mil aplicativos passaram a ser lançados todos os dias. No início, porém, a plataforma era muito mais enxuta e controlada, e envolvia um rigoroso processo de aprovação.

Na semana anterior ao prazo final para o envio de aplicativos para análise e inclusão no lançamento, Steven estava doente em casa. Ele resolveu aproveitar o horário em que não estava em repouso para desenvolver um aplicativo que compilasse dados de trânsito e transporte público e os apresentasse num estilo visualmente agradável, fácil de entender. Ele chamou o aplicativo de Routesy.

Steven ficou, como ele mesmo conta, chocado quando a Apple lhe enviou um e-mail notificando que o aplicativo tinha sido aprovado. A ideia era ótima, mas a execução deixava muito a desejar. O aplicativo travava demais. A interface era feia. Uma longa lista de recursos planejados foi sendo abandonada enquanto o tempo de Steven ia se esgotando.

Ele sabia que o projeto tinha um longo caminho a percorrer, mas ser incluído no lançamento da plataforma o motivou a continuar.

A monetização era um objetivo secundário para Steven. Ele desenvolveu o aplicativo porque gostava da Apple e gostava de construir coisas. Também sabia que muitas pessoas poderiam se beneficiar de uma solução melhor para planejar seus deslocamentos matinais, e que ninguém tinha feito nada igual ao Routesy. Ainda assim, a ideia de ganhar um dinheiro extra era atraente; por isso, ele contratou uma rede de publicidade que exibiria anúncios em *banners* na parte inferior da tela.

No dia do lançamento, o jornal californiano *San Francisco Chronicle* publicou uma nota sobre o aplicativo na seção de negócios. Steven reparou nela enquanto estava na fila para comprar seu primeiro iPhone. Foi emocionante ver algo que ele tinha feito sair para o mundo, ou, pelo menos, para o mundo dos primeiros adeptos da tecnologia que viviam na área. Dadas todas as falhas técnicas, ele não esperava ganhar muito dinheiro; porém, quando a Apple publicou o relatório de receita no primeiro mês da App Store, o lucro de Steven era de cerca de 2.700 dólares.

O MELHOR MOMENTO PARA COMEÇAR FOI ONTEM

A esta altura, você já me ouviu dizer mais de uma vez: comece o negócio antes de se sentir totalmente pronto. Por que começar antes e não mais tarde? Bem, há vários motivos. O primeiro é a *prova de conceito*, a validação de que você descobriu algo potencialmente lucrativo. Mesmo quando se sente confiante, você nunca sabe ao certo se sua ideia vai funcionar até ela se concretizar de fato. Portanto, quanto mais cedo você começar a entender como os clientes respondem à sua ideia, mesmo com os dados incompletos, melhor.

Steven tinha prova de conceito; a aceitação antecipada do aplicativo pela Apple foi uma prova de que aquele era um projeto interessante. O lançamento do iPhone, combinado com a cobertura de imprensa que o aplicativo recebeu, foi uma prova adicional, que o guiou durante o primeiro mês. Na época, o pagamento de 2.700 dólares foi mais do que suficiente para motivá-lo a continuar aperfeiçoando o aplicativo.

O segundo motivo para lançar antes de estar pronto é que os perfeccionistas não são bons empreendedores de projetos de renda extra. Se você esperar pela perfeição, seu plano de 27 dias pode se transformar num plano de 27 anos. Já conversou com alguém que quer iniciar um grande projeto há muito tempo? Seja escrever um livro, criar um negócio ou qualquer outra empreitada, quando perguntamos como estão indo, recebemos, muitas vezes, respostas do gênero: "Estou pensando nisso", "Vou começar a trabalhar nisso em breve", "Tenho que pesquisar mais primeiro".

Essas respostas também são conhecidas como procrastinação, uma praga que, em algum momento, infecta quase todos nós. Assim que você identifica algo que deseja fazer, mas sente hesitação ou medo por alguns aspectos envolvidos, o desejo de colocar o pé no freio ou de fazer outras coisas começa a surgir. Falo por experiência própria: minha casa nunca está mais limpa do que quando estou escrevendo um livro.

Mas também sei que, se conseguir superar esta resistência, ficarei muito mais feliz quando, de fato, começar a trabalhar.

Nas entrevistas para o meu *podcast* diário, *Side Hustle School* (Escola Projeto Renda Extra), algumas pessoas contaram como começaram antes de se sentirem prontas.

- Um escritor de romances autopublicados coloca o próximo livro de uma série em pré-venda antes de escrevê-lo.
- Uma mãe cria uma linha exclusiva de vinhos para "mães estressadas", mesmo sem saber nada sobre a indústria do vinho.
- Dois amigos lançam um "Uber de manutenção de jardim" com o objetivo de servir os profissionais que trabalham com jardinagem e paisagismo, descobrindo mais sobre o negócio à medida que o desenvolvem (eles acabam ganhando mais de um milhão de dólares por ano).

Todos esses exemplos reforçam uma lição orientadora deste livro: "feito é melhor que perfeito". Não sabe exatamente como funciona uma sessão de *coaching*? Não há melhor maneira de aprender do que fazendo uma sessão de *coaching*. Não sabe quanto vai custar enviar seus quadros para compradores internacionais? Faça uma estimativa. Se descobrir que seu orçamento está muito fora da realidade, basta ajustar seu preço nas encomendas futuras. Em resumo: quando estiver em dúvida, comece!

CRIE UMA PÁGINA NO FACEBOOK ANTES DE CRIAR UM SITE

Isto é algo simples que você pode fazer para entrar em ação agora mesmo: se acha que usará as mídias sociais *alguma vez* no seu negócio, tire dez minutos e crie uma página no Facebook para ele. Você não precisa programar, fazer o design nem nada, além de se inscrever e adicionar uma breve descrição do que está vendendo. Por que criar uma página no Facebook antes de montar um *site*? Primeiro, porque é muito fácil — por que não tirar logo da lista?

Mas esse não é o único motivo. Conforme as pessoas começam a se envolver com sua página, o Facebook coletará de modo automático dados sobre esses visitantes. Uma vez que a página tenha um número suficiente de visitantes (em geral, cerca de mil, embora possa variar), você poderá acessar uma seção chamada "Insights", que inclui muitas informações detalhadas que ajudarão a atingir — e servir — melhor a esses visitantes à medida que refinar seu negócio.

Você também pode descobrir que o simples fato de ter uma página no Facebook (ou em outra rede social) inspira a avançar mais rápido. Uma vez que tenha algo publicado, o negócio parece real — e você vai querer completar quaisquer outras etapas necessárias para desenvolvê-lo ainda mais.

LANCE A VERSÃO BETA

E se você não estiver pronto para lançar seu negócio? Bem, dificilmente você estará está 100% pronto... então, aqui vai um truque. Vá em frente e anuncie sua oferta, mas acrescente a palavra "beta". Você também pode chamá-la de "versão inicial" ou qualquer outra frase que soe bem. Ao fazer isso, poderá continuar trabalhando no produto e, ao mesmo tempo, obter *feedback* real — e, esperamos, algumas vendas também.

Você pode permanecer nessa fase "já lançada, mas não 100% pronta" pelo tempo que desejar. O Gmail esteve em fase beta por mais de cinco anos, durante os quais teve mais de 300 milhões de usuários. Isso quase virou piada nos círculos tecnológicos — como pode um serviço com 300 milhões de clientes dizer que está em desenvolvimento? — mas a questão é que não há nenhuma regra definindo que sua fase beta, modo de visualização ou status "em breve" deva terminar em determinado momento. Se esclarecer que tudo ainda não está perfeito ajudar você a se sentir melhor, faça isso.

Você sente algo especial ao colocar seu próprio projeto no mundo. Mesmo que ninguém preste atenção de imediato, você olha para ele e pensa: *fui eu que fiz*. Você fica orgulhoso, e deve mesmo ficar. Com o tempo, à medida que alcança mais metas de renda extra e lança outros projetos, esse sentimento especial pode ser um tipo próprio de recompensa.

Steven lançou seu aplicativo de transporte público antes de se sentir pronto e, ao fazê-lo, obteve acesso a um público de adesão inicial apaixonado. Desde o primeiro dia do lançamento do iPhone, os ávidos viajantes diários da região da Baía de São Francisco começaram a baixar e usar o aplicativo. Quase uma década depois, ele tem quase quarenta mil usuários todos os dias da semana e foi baixado por quase meio milhão de pessoas. Também produz uma renda constante de pelo menos 7.500 dólares por mês, o que propicia grande flexibilidade para planejar o resto de sua vida como achar conveniente.

Chegou a sua hora. Há mais a ser feito, mas estamos saindo da fase de planejamento. Todo o resto pode ser desenvolvido com o negócio funcionando. Estamos entrando no mundo da ação.

DIA 18

VENDA COMO UMA ESCOTEIRA

Mesmo com um grande produto ou serviço e uma grande oferta para fazer seu pitch, o dinheiro não costuma cair do céu. Canalize seu marketeiro interior e faça algumas vendas!

Antes de iniciar uma carreira de consultora e procurar uma renda extra, Julie Wilder foi proprietária de um restaurante orgânico por mais de uma década. Era um negócio gratificante, mas, como se pode imaginar, envolvia muito trabalho. Julie também era apaixonada por astrologia. Em seu tempo livre, desenhou um calendário astrológico, atualizado todos os anos. Várias vezes pensou em aproveitá-lo melhor, mas com tantas horas ocupadas pelo restaurante, ficou adiando a ideia.

A astrologia é um mercado enorme e global. É também um pouco controverso, o que é um bom sinal para um projeto de renda extra — mostra que as pessoas têm paixão e opiniões fortes sobre o tema. Você não vai querer entrar numa indústria ou nicho que não envolva emoções fortes. Apesar do tamanho do mercado, até bem pouco tempo atrás, havia apenas três produtos concorrentes à venda — e todos tinham um estilo *new age* muito parecido. Isso é ótimo para quem gosta dessa estética; contudo, muita gente se interessa por astrologia, mas prefere um design mais contemporâneo. Julie havia identificado um nicho de mercado mal atendido e, de fato, ela usa a palavra *disruptivo* para descrever seu projeto de renda extra. Ao criar um design moderno, unissex e visualmente agradável, ela conseguiu alcançar um público que nunca antes havia se interessado em comprar um calendário astrológico.

Por fim, depois de alguns anos atualizando o design do calendário, ela decidiu tentar vendê-lo no etsy.com, uma plataforma *online* para venda de artigos artesanais. Era mais um exercício para satisfazer sua curiosidade, mas o interesse foi imediato e as pessoas pareciam gostar dos seus produtos. Não havia nada parecido no mercado, o que contribuiu para o sucesso — então, depois de vender o restaurante, ela decidiu passar um tempo explorando aquele projeto de renda extra antes de embarcar numa carreira totalmente nova. Em poucos meses, ganhou cinco mil dólares, com um esforço mínimo e investimento praticamente zero. Além de algumas pequenas despesas com materiais iniciais, o negócio se sustentou desde a primeira semana.

Com custos de fabricação de um dólar por calendário e um produto vendido a quinze dólares, a margem de lucro é muito melhor que qualquer outra que poderia ter ao administrar o restaurante — e o trabalho era muito menos estressante.

Julie havia identificado uma necessidade ou, pelo menos, uma grande lacuna no mercado, à qual pensava que as pessoas responderiam. Foi o que aconteceu; ela ganhou mais de cinco mil dólares em pedidos apenas com os anúncios gratuitos que o etsy oferecia aos vendedores. No entanto, Julie não parou por aí. Se as pessoas respondiam tão bem sem nenhum tipo de marketing, o que aconteceria se apostasse mais?

O passo seguinte seria trabalhar um pouco mais nesse plano de marketing. Ela gravou vários vídeos e escreveu uma série de posts no blog. Para ir além do seu círculo de amigos e conhecidos, entrou em comunidades de astrologia no Facebook, nas quais compartilhou seus vídeos e posts. Em seguida, entrou em contato com seis astrólogos influentes e enviou-lhes um calendário gratuito. Foi, por um lado, um agradecimento à sabedoria compartilhada por eles ao longo do ano, e, por outro, uma tática de vendas inteligente, pois esperava que eles compartilhassem o calendário com seus seguidores.

UM CONTO DE DOIS NEGÓCIOS

Onde moro, em Portland, Oregon, é impossível caminhar por uma rua principal do centro da cidade sem ser parado por pelo menos uma pessoa pedindo donativos para causas diversas. Habituados à rejeição constante, esses angariadores aprenderam a inventar chamadas criativas para atrair a atenção dos passantes: "Você tem um minuto para os ursos polares?", podem perguntar. "Você se preocupa com o perigo de extinção do rato-do-mato?"

Com essa abordagem, fica difícil dizer não.

No entanto, ainda que tenham o potencial de funcionar, esses métodos são bastante irritantes. As organizações que põem esses angariadores na rua veem a situação como um jogo: 99 transeuntes podem ignorá-los, mas se pelo menos um deles ceder e tomar uma decisão, pode se tornar um apoiador vitalício — o que justifica o custo de pagar os angariadores e mantê-los nas ruas.

Compare essa tática de arrecadação com outra que também ocorre na porta de mercearias, em estacionamentos e em outros lugares, algumas semanas por ano. Quando chega a primavera, as flores desabrocham, os pássaros se alegram e o melhor de tudo — as escoteiras vendem biscoitos. Se não conhece esses biscoitos, você deve ter tido uma vida dura e precisa corrigir esse desequilíbrio o quanto antes.[8]

---

8. Os Girl Scout Cookies (biscoitos das escoteiras), disponíveis em vários sabores, são uma tradição nos Estados Unidos. O apelo é ainda maior porque são comercializados apenas em uma determinada época do ano (N. da E.).

A questão é que, a cada primavera, as escoteiras vestem seus uniformes, montam barraquinhas perto de mercearias e shoppings, e fazem negócio. A apresentação delas é a mais básica possível: "Você gostaria de comprar biscoitos das escoteiras?" Elas não se jogam na sua frente na calçada, não questionam sua compaixão pelas dificuldades dos filhotes dos ursos polares e possuem poucas habilidades de venda — e os clientes chegam a comprar dezenas de caixas de biscoitos.

Uma das duas apresentações que você acabou de ler é manipuladora e formulada para que você queira se livrar dela. A outra é convincente e não cria nenhum sentimento de culpa, além daquela que você sentirá após comer uma caixa inteira de biscoitos de uma vez só. Que tipo de vendedor você prefere ser: o angariador de rua ou a escoteira?

SEJA A ESCOTEIRA, NÃO O ANGARIADOR

Seu projeto de renda extra foi lançado e agora você está aberto para negócios! No entanto, é provável que não veja um fluxo de atividades assim que clicar no botão publicar, enviar o e-mail ou postar essa atualização social. E aí?

Lembre-se, nem os clientes nem o dinheiro caem do céu. Você precisa de uma estratégia para realmente *vender* o que está oferecendo. O ideal é que essa estratégia tenha muito mais em comum com a das escoteiras, que precisam vender seu peixe, mas o fazem de forma natural e nada agressiva.

É verdade, biscoitos deliciosos oferecidos por crianças são uma das coisas mais fáceis de se vender — e este é o ponto: os biscoitos das escoteiras não vendem por causa do tom manipulativo ou por táticas de venda agressivas. Eles vendem porque *as pessoas os apreciam.*

Mesmo que não esteja apto a entrar nos Escoteiros, você ainda pode adotar os métodos deles na sua renda extra. Se você for resistente às vendas ou ao marketing em geral, lembre-se de duas coisas:

1. Você tem trabalhado muito no seu projeto de renda extra. Está orgulhoso e animado com o que desenvolveu. Dar os próximos passos para se preparar para o sucesso é algo que você deve a si mesmo.
2. As pessoas que precisam do seu negócio *querem* que você anuncie para elas! Elas estão esperando para saber mais sobre ele. Se não conseguir ultrapassar o barulho e alcançá-los, eles nunca terão a chance de conferir o que você produziu.

Deixe que esses princípios guiem seus próximos passos. Se pretende um negócio em longo prazo ou quer apenas algumas vendas rápidas, você precisa de uma estratégia para fazer o marketing da sua oferta de forma consistente!

EM CASO DE DÚVIDA, ENVIE O E-MAIL

Uma vez, tive uma lista de e-mails com um grupo enorme de assinantes, para os quais já não escrevia há muito tempo. Queria promover uma novidade que havia feito, mas estava preocupado em não inundar as caixas de entrada. Meu receio era que meus assinantes ficassem irritados com a comunicação — com o fato de eu entrar em contato depois de tanto tempo apenas para vender algo. Decidi correr o risco e incluí uma observação no topo dizendo: "Ei, estou de volta!". De fato, recebi um pequeno número de respostas irritadas. Mas, para minha surpresa, recebi muito mais respostas de leitores dizendo que tinham sentido minha falta. Um deles até me mandou um e-mail pedindo: "Você poderia me inscrever em todas as suas listas?"

Essas respostas me fizeram perceber que, na verdade, eu tinha sido muito conservador em meu marketing. Depois dessa experiência, comecei a enviar e-mails com mais frequência. Lembre também que, se algumas pessoas cancelarem a assinatura de uma lista de e-mails (ou comunicarem a falta de interesse), nem sempre isso é ruim. Elas podem não ser os clientes ideais para sua oferta e, uma vez que saírem da lista, será mais fácil focar naqueles que são.

CONVENÇA COM BENEFÍCIOS, REFORCE COM FUNCIONALIDADES

Mesmo que você tenha o melhor produto ou serviço do mundo, não adiantará muito se ninguém ficar sabendo. As escoteiras não ganham 700 milhões de dólares por ano (cerca de 200 milhões de caixas!) vendendo biscoitos só porque eles são deliciosos, mas sim porque *todos sabem* que eles são deliciosos.

Assim, quando você começa a trabalhar para divulgar sua oferta, é melhor garantir que esteja dizendo o quanto seu produto ou serviço é ótimo em toda a sua comunicação. Isso significa que você vai convencer com benefícios: como seu produto/serviço vai ajudar as pessoas? Como tornará suas vidas mais fáceis, melhores, mais divertidas ou mais gratificantes? Lembre-se de deixar os benefícios claros, específicos e óbvios.

Ao final deste curso, os usuários vão _____

_____ .

Ao comprar esta ferramenta, os clientes vão _____

_____ .

Eu vou melhorar a vida de meus clientes por meio de _____

_____ .

Os melhores benefícios tendem a se relacionar com uma necessidade emocional de alguma ordem. Por exemplo, as pessoas querem fazer aulas de dança para perderem peso e se sentirem mais atraentes. Querem que alguém cuide do cachorro delas, para não se sentirem culpadas por deixá-lo em casa enquanto trabalham. Querem um calendário astrológico porque gostam da ideia de que a posição da lua e das estrelas pode afetar suas vidas.

Os benefícios devem ajudar as pessoas a se *sentirem melhor*. Nem sempre você deve mencionar essas necessidades emocionais de um jeito explícito, mas precisa tê-las em mente ao criar sua comunicação.

A *dog sitter* talvez não deva chegar dizendo "Deixe seu cachorro comigo e alivie sua culpa por abandoná-lo o dia todo", mas pode muito bem dizer: "Com meu serviço de *pet sitting*, seu cachorro receberá atenção, exercícios e cuidado, e brincará enquanto você estiver fora de casa". Viu como funciona?

Em seguida, reforçar seu benefício com funcionalidades ajuda bastante. Seu serviço de *pet sitting* inclui duas caminhadas de trinta minutos por dia e até três atualizações diárias por e-mail? O seu tutorial de balé inclui 99 passos de dança? Ótimo — garanta que as pessoas estejam cientes disso. Julie certificou-se de que seus clientes potenciais soubessem que seu calendário tinha um design moderno e não presumiu que eles eram especialistas em astrologia.

Mesmo os melhores vendedores às vezes confundem benefícios e funcionalidades. Uma boa regra geral é a seguinte: os benefícios são as formas como um produto melhorará a vida de alguém; as funcionalidades são os detalhes que demonstram como isso vai acontecer. Ambos são importantes; todavia, se um cliente não acreditar que sua oferta vai melhorar a vida dele, uma longa lista de funcionalidades não ajudará. Sempre convença com benefícios!

Lembra-se de quando escreveu uma carta para seu cliente ideal? Talvez você queira começar a escrever o *copy* de vendas de sua oferta com base no que completar na seguinte frase: "Meu cliente ideal tem dificuldades com..."

Digamos que seu cliente ideal tenha dificuldades com a gestão do tempo. Seu *copy* de vendas pode dizer: "Você economizará quarenta minutos por dia com esta ferramenta de triagem de e-mails, que mostra o que é importante e adia todo o resto para depois do almoço". Aqui, economizar quarenta minutos por dia é o benefício, e a capacidade de fazer triagem e filtrar o e-mail é a funcionalidade. A menção de ambos é fundamental para tornar seu discurso de vendas convincente e persuasivo.

Por fim, ao apresentar a oferta, estabeleça valor antes de anunciar o preço de venda. Já visitou uma nova academia em que pretende entrar?

Ao perguntar "quanto custa?", é raro receber uma resposta direta de imediato. Primeiro, um simpático representante de vendas vai se oferecer para mostrar o local. Somente no final do processo, depois que tiver se impressionado com todos os equipamentos sofisticados e as aulas de *spinning*, ele vai discutir os preços com você. Ao apresentar a oferta, lembre-se de contar histórias (e mostrar fotos ou outras formas de mídias, se puder) contando como ela é valiosa, útil ou fantástica. Use o valor como guia!

"VOCÊ NÃO QUER UMA FURADEIRA; QUER UM FURO"

Uma vez, recebi um e-mail de uma leitora em busca de conselhos. Ela escreveu o seguinte: "Comecei um negócio de redação de currículos e perfis no LinkedIn que está começando a decolar, mas não consigo descobrir como vender mais aos meus clientes atuais. Alguma ideia?"[9]

Respondi sugerindo que ela pensasse *no motivo* pelo qual as pessoas querem ajuda com currículo e perfil. Será porque há um valor intrínseco nessas coisas por si só? (*Spoiler*: não.) É mais provável que essas pessoas queiram melhorar o próprio currículo ou perfil por acreditarem que isso aumentará suas chances de arranjar emprego ou de conseguir um emprego melhor. Elas podem, também, pensar que isso ajudará a conectá-las com mais pessoas certas ou, em última análise, a ter mais sucesso de várias maneiras. Dito de outra forma, as pessoas não compram uma furadeira por quererem uma furadeira; elas compram uma furadeira por quererem um furo. A furadeira é apenas o meio para esse fim.

Pensando assim, disse a ela: "Aposto que há muitas oportunidades diferentes de ajudar ainda mais essas pessoas — e, se depois de uma boa experiência na primeira compra, elas já confiam em você, é muito provável que comprem outra coisa".

---

9. Ao escrever este capítulo, recebi um pedido do LinkedIn de alguém que afirmava ser uma "consutora de gestão". Sempre revise a ortografia de seus perfis nas redes sociais!

Pense sempre no que as pessoas *realmente* querem e por quê. Com essas informações em mãos, é muito mais fácil descobrir como oferecer as ferramentas que ajudarão a obtê-las.

COMO VENDER MAIS BISCOITOS

Anos atrás, Markita Andrews, uma menina de oito anos, ganhou o concurso nacional de escoteira que mais vendeu biscoitos nos Estados Unidos. O grande prêmio era uma viagem ao redor do mundo, que por acaso era o sonho da vida dela.

Como ela conseguiu? Ao aparecer como convidada no *The Tonight Show*, ela deu a seguinte resposta:

"Fui à casa de todo mundo e disse: 'Você pode doar 30 mil dólares para as escoteiras?' Quando eles diziam 'não', eu respondia: 'Você pode ao menos comprar um pacote de biscoitos?'"

Ela acabou vendendo mais de 80 mil dólares em biscoitos.

A lição é: se quiser vender mais biscoitos — ou qualquer outra coisa — não seja insistente, mas também não tenha medo de ser criativo, nem de oferecer o seu produto ou serviço.

O calendário de Julie foi um sucesso, em parte, por ser diferente, mas obteve muito *mais* sucesso em virtude do esforço de Julie para ser proativa, correndo atrás de seus clientes ideais. Ela não tinha vergonha de procurar os influenciadores do seu meio e incentivá-los a divulgar. Ao fazer vídeos e postar em comunidades do Facebook, colocou seu calendário diante de pessoas que de fato queriam o que tinha a oferecer. A partir daí, foi fácil — um produto ótimo encontra um cliente ideal, e uma venda é feita.

Há chances de que, mesmo com um produto ótimo, seu negócio não se venda sozinho. Não tenha medo de copiar a estratégia das escoteiras: monte uma barraquinha na calçada e convide as pessoas a comprar.

DIA 19

PEÇA AJUDA A DEZ PESSOAS

Nenhum homem é uma ilha, e poucos projetos de renda extra prosperam sem a ajuda de amigos e apoiadores. À medida que você começa a empreender, não hesite em pedir a todos que conhece que se juntem à causa e divulguem.

Até bem pouco tempo atrás, o "trabalho oficial" de Brianna Faith era ser estudante do ensino médio. Como muitos de nós recordam, a experiência do ensino médio, ou apenas de ser adolescente, pode ser uma montanha-russa emocional. Mesmo tendo um bom lar e sem passar necessidades, o jovens vivem muitas mudanças ao se preparar para a vida adulta.

Ao contrário da maioria das adolescentes, Brianna nunca foi muito de usar maquiagem, em parte porque se sentia desconfortável ao chamar atenção. Porém, aos dezesseis anos, ela mudou. Começou a usar batom vermelho e depois foi ganhando confiança para ousar, até experimentar outras cores. Por fim, passou a usar batom azul néon e, a partir daí, percebeu que ninguém se importava com a cor da sua maquiagem — e sentiu que finalmente poderia ser ela mesma.

Desde muito nova, Brianna se interessava por empreendedorismo. A autoconfiança que encontrou ao usar cores de batom vibrantes inspirou uma nova missão: ajudar outras pessoas a se sentirem mais confiantes e a não terem medo de se expressar por meio de uma maquiagem ousada.

Sua ideia inicial era criar um negócio de atacado, mas um mentor com um pouco mais de experiência lhe mostrou como funcionava o mundo da consignação, no qual a maior parte dos produtos são enviados aos vendedores por encomenda, com comissões pagas aos criadores. Foi quando percebeu que não teria de esperar ser mais velha e frequentar a faculdade para lançar um negócio. Poderia começar a vender cosméticos de forma experimental quase de imediato.

Com a temporada de férias chegando, Brianna começou a pedir favores. Por meio de outro mentor que conheceu por intermédio do primeiro, conseguiu um pequeno espaço comercial desocupado no centro de Victoria, na Columbia Britânica do Canadá, onde poderia operar uma loja física temporária por um mês inteiro, sem nenhum custo. Como vendia em consignação e o espaço era gratuito, seus custos eram extremamente baixos. Gastou apenas cerca de 200 dólares em decoração, alguns artigos de papelaria, placas e cartazes.

Dez dias depois de conhecer o espaço, a loja de Brianna já estava funcionando, permanecendo aberta ao longo do mês seguinte. Graças às compras feitas durante as férias, no final do mês, seu lucro foi de mais de sete mil dólares, dos quais dois mil ela doou para caridade. Ela planeja agora desenvolver sua própria linha de produtos para sua próxima aventura no varejo — e não vai esperar terminar a faculdade para fazer acontecer.

COM UMA AJUDINHA DOS AMIGOS

Não se engane, Brianna trabalhou duro. Durante todo seu mês de férias, a loja ficou aberta todos os dias, com exceção de um, e ela ficava no local das 7h30 às 20h.

Quando chegava em casa, respondia aos e-mails e se preparava para mais um longo dia. Esse tipo de ritmo pode não ser sustentável em longo prazo, mas tudo bem. No caso de uma loja sazonal que era uma grande oportunidade, essa jovem empreendedora estava mais do que disposta a dar tudo de si.

Mesmo assim, apesar de sua incansável ética de trabalho, a loja não teria sido um sucesso somente com os seus esforços. Em cada etapa do processo, ela contou com ajuda externa.

Por exemplo, quando lhe perguntei como conseguiu que as pessoas aparecessem, a resposta foi simples: estava animada com o projeto e seu entusiasmo era contagiante. Mas isso não é tudo. Quando seus primeiros mentores a conectaram com outros líderes de uma incubadora de empresas local, esses líderes ficaram impressionados com a iniciativa e ambição de Brianna. Eles a ajudaram a aprender com rapidez a administrar um sistema de ponto de venda, fazer a contabilidade e gerir seu estoque. Para administrar a loja, começou colocando seus amigos para trabalhar. Logo, sem que precisasse pedir, outras ajudas começaram a surgir. Um senhor de idade doou algumas canecas douradas que ela podia vender pelo preço que conseguisse. Outro homem trouxe, durante um mês, bolos do café do andar de cima todos os dias.

Em resumo, Brianna pode atribuir o sucesso à ambição jovem e à ética de trabalho, combinadas com a ajuda de um pequeno exército de apoiadores que ajudaram a trazer sua visão à luz.

NÃO SEJA UM EXÉRCITO DE UMA PESSOA SÓ

Mesmo que um projeto de renda extra seja uma atividade solo, você não está sozinho ou, pelo menos, não deveria estar. Ao lançar sua nova empreitada, você vai querer atingir algumas pessoas-chave para obter ajuda, da mesma forma que Brianna. Que tipo de ajuda? No plano ideal, o melhor é ter um mix de pessoas que possam ajudar em diversas áreas e fazer diferentes tipos de favores. Algumas pessoas podem ter mais de um papel, mas, em geral, você pode agrupá-las numa das quatro categorias:

Apoiadores: "animadores de torcida", que podem dar apoio e colaborar de várias formas.

Mentores: guias ou especialistas que dão *feedback* específico e conselhos.[10]

Influenciadores: figuras de autoridade de confiança, com a capacidade de conectar você a clientes potenciais e ajudar a divulgar o produto.

Clientes ideais: pessoas que representam seu avatar e podem oferecer respostas detalhadas e honestas para as várias dúvidas que terá sobre o que fazer e não fazer.

Seu caminho será mais fácil se identificar e recrutar essas pessoas no início do processo. Algumas podem aparecer mais tarde, como aconteceu no caso de Brianna; mas, ao começar com algumas delas ao seu lado, você terá uma vantagem.

EVITE "ESPALHAR E REZAR"; SEJA ESPECÍFICO

Por mais importante que seja pedir ajuda, você também não vai querer pedir ajuda a *muitas* pessoas. Pedir um favor a todos que conhece é como tentar servir a todos no mundo com o seu negócio. Você terá muito mais sucesso ao se concentrar num grupo específico de clientes e, da mesma forma, é provável que também veja resultados melhores ao pedir ajuda a pessoas específicas para alcançar esses clientes.

O marketing do "espalhar e rezar" pode funcionar em alguns casos raros, mas, mesmo quando funciona, o sucesso não dura muito. Na maioria das vezes, apenas espalhar uma mensagem é ineficaz. É por isso que você deve começar com uma lista específica de dez pessoas

---

10. Escolha cuidadosamente os mentores, e não acredite na crença comum de que todos precisam de um. Se você já sabe o que quer fazer, só precisa descobrir como fazer acontecer.

para ajudar na divulgação — mais do que algumas pessoas, mas menos do que todos que conhece.

Pense bem e bastante nessas dez pessoas. Faça sua lista, depois escreva ou ligue para cada uma para falar sobre seu projeto. Lembre-se de que todos estão ocupados (inclusive você!), então vá direto ao assunto com rapidez e inclua uma oferta específica à qual as pessoas possam responder sim ou não com facilidade.[11]

Recebo muitas apresentações solicitando minha ajuda sobre algo e, como é natural, não consigo responder a todos. Ao longo dos anos, tenho visto apresentações boas, outras terríveis e uma grande maioria que não se destaca de modo algum. Com base nessa experiência, aqui vão alguns conselhos subjetivos para pedir favores de forma a conseguir a resposta que deseja.

- Faça um pedido específico, não uma lista de compras. Certifique-se de pedir algo que a pessoa é de fato capaz e está bem posicionada para fazer. Se precisar de ajuda com o marketing do seu projeto nas mídias sociais, por exemplo, não peça àquele amigo que não usa o Facebook ou o Instagram.
- Conte algo sobre você e explique por que e como o seu negócio vai ajudar os outros.
- Não exagere na bajulação. Fique à vontade para dizer algo simpático sobre a pessoa ao explicar por que a procurou em busca de ajuda, mas não é preciso ir muito além.
- Procure a pessoa com delicadeza se não obtiver resposta — mas apenas uma vez, e não de imediato. Dê pelo menos alguns dias para as pessoas responderem.

---

11. No meu livro *Nasci para isso — como encontrar o trabalho da sua vida* (Penguin, 2017), compartilhei a história do Projeto de 100 Pessoas, um exercício criado por uma consultora de *branding* que queria melhorar seu direcionamento comercial. Ela programou uma série de telefonemas de 15 minutos (sim, com 100 pessoas!) e, ao fim do projeto, seu negócio estava totalmente transformado.

- Não espere que todos digam sim e seja elegante, independentemente da resposta.

Sobre o último ponto: não faça com que a pessoa se sinta culpada por não ajudar no momento. Na verdade, nunca responda de forma negativa. Diga: "Muito obrigado, sou grato pela atenção". Talvez essa pessoa possa ajudar mais tarde. Talvez vocês façam uma conexão e, mais para frente, quando surgir outra oportunidade, ela se lembre de você. Se nada acontecer, pelo menos você não sabotará o relacionamento.

NÃO SEJA "AQUELA PESSOA"

A regra de ouro da construção de relacionamentos é: não seja "aquela pessoa". Quem é "aquela pessoa"? Alguns exemplos da minha caixa de entrada:
- ✓ O contato do LinkedIn que pediu que eu o apresentasse a uma dúzia de pessoas famosas — apesar de eu nem o conhecer.
- ✓ O marqueteiro que enviou um e-mail me pedindo para promover uma oferta e, quando gentilmente recusei, explicando que não se encaixava bem no meu perfil, respondeu: "Tudo bem, você estava na minha lista, mas eu não queria a sua ajuda mesmo".
- ✓ A pessoa hiperpersistente que me enviou o mesmo pedido via e-mail, mensagem de voz e três redes sociais — todos na mesma hora — porque "só queria ter certeza de que eu visse". Acredite, eu vi!

Lembre-se, o mundo é um ovo. As pessoas comentam e, se você fizer coisas constrangedoras como as mencionadas nesta lista de histórias verdadeiras, todos ficarão sabendo. Seja quem todos querem ajudar, não "aquela pessoa" que todos tentam desesperadamente evitar.

Um ano depois do seu experimento, Brianna havia terminado o ensino médio e iniciado a faculdade. Encorajada por seu sucesso precoce, também estava de olho em outros objetivos. Será que poderia ter tido sucesso em seu projeto de renda extra de cosméticos se tivesse feito tudo sozinha? Talvez — trabalhadora e determinada ela era. Mas, por sorte, não *tinha* que fazê-lo sozinha. Ao recrutar seus amigos, novos mentores e até mesmo o cara do shopping que trazia bolos, sua loja itinerante de férias estava destinada ao sucesso.

Lembre-se, ninguém é uma ilha. Ao construir seu projeto de renda extra, não hesite em pedir uma ajudinha aos amigos.

DIA 20

TESTE, TESTE E TESTE MAIS UMA VEZ

> *Ao começar um novo negócio, é normal que você não saiba qual abordagem será mais eficaz. Para descobrir, teste coisas diferentes e anote os resultados.*

Em Rockton, na Pensilvânia, Gabby Orcutt, uma empreendedora em série, trabalha como representante comercial na indústria de gás natural. Ela também é uma professora certificada de ioga, fotógrafa e facilitadora de cursos de estilo de vida. Ademais, tem filhos pequenos em casa. Como ela consegue fazer tudo isso eu não sei, mas se não bastassem essas atividades para mantê-la ocupada, há alguns anos ela iniciou um novo negócio — totalmente por acaso.

As redes sociais vêm e vão o tempo todo, mas algumas acabam deixando uma marca na cultura popular. O Pinterest é uma dessas redes com enorme influência no mundo virtual, atingindo mais de 175 milhões de usuários no seu auge. O *site* gira em torno do compartilhamento de imagens e mensagens curtas conhecidas como *pins*. Tem um grande público feminino — as mulheres são as maiores usuárias — e algumas pessoas o levam muito a sério, passando horas por dia no *site*, mesmo sem nenhum interesse comercial ou desejo de gerar renda. Elas simplesmente gostam de "pin" imagens.

Ainda assim, quando muitas pessoas passam muito tempo numa experiência compartilhada, em geral há várias formas de lucrar com isso. Como muitos usuários do Pinterest, Gabby começou a usar o *site* apenas por diversão, mas sua mentalidade empreendedora em pouco tempo a levou a pensar: *Será que isso pode trazer algo mais?*

Muitos projetos de renda extra surgem quando se presta atenção em como os grupos gostam de passar seu tempo *online*. O de Gabby foi um deles: ela encontrou uma empresa a qual gerencia campanhas para marcas que buscam maior exposição a públicos específicos. Inscreveu-se e começou a direcionar alguns de seus *pins* para as campanhas deles — mas somente quando parecia ter a ver com o seu público.

Aos olhos das marcas, Gabby é conhecida como influenciadora, o que significa que tem muitos seguidores. Não há muitas outras qualificações, já que uma rede de seguidores fala por si só. Com todos esses seguidores fiéis, ela conseguiu rentabilizar o projeto que amava, fazendo com que as empresas pagassem pelo tráfego gerado por ela através dos *pins* que posta.

No primeiro mês, Gabby ganhou mais de mil dólares. Mal podia acreditar que tinha sido paga apenas para ver fotos na internet e postar as suas favoritas, mas era dinheiro de verdade.

Essa foi uma atividade paralela, em meio a outros projetos de renda extra que ela tinha; no início, Gabby não dedicava muito tempo a ela. Depois daquele primeiro mês, porém, passou a encarar essa renda extra com seriedade e decidiu se tornar mais ativa. Todos os dias, durante semanas, no limitado tempo livre que tinha, ela pinava, pinava e pinava — era a primeira coisa que fazia pela manhã e a última, à noite. Quando não conseguia dormir, ela se levantava e pinava mais algumas imagens.

Além de trabalhar duro, Gabby também trabalhou com inteligência. O Pinterest é organizado por pastas de imagens relacionadas. Gabby tem várias pastas relacionadas a artesanato e fotografia, categorias muito populares no Pinterest, mas também subdivide suas pastas em categorias menores. Ao experimentar diferentes opções ao longo do tempo, aprendeu a adaptar seus *pins* a esses interesses específicos.

Nos primeiros tempos, em especial, as redes sociais tendiam a reproduzir o fenômeno "os ricos ficam mais ricos", no qual é provável que alguém com muitos seguidores ganhe bem mais que um novato; então, depois de um tempo, a dinâmica entrou em cena. Ela notou que seguir outros influenciadores com muitos seguidores também contribuía, e foi o que fez, pegando carona nos seguidores deles, replicando seu conteúdo e comentando seus *pins* populares. Como resultado, a rede de Gabby cresceu, passando de dezenas de milhares para centenas de milhares e, por fim, chegando a mais de um milhão. O melhor de tudo é que o esforço de Gabby no Pinterest rendeu mais de 40 mil dólares ao longo de três anos e meio. Ela não era uma celebridade, nem mesmo uma celebridade da internet. Era apenas inteligente o bastante para descobrir como dar às pessoas algo que desejam.

OS DADOS NÃO MENTEM

Se o seu primeiro projeto de renda extra for um sucesso, você pode pensar que é um gênio do marketing. E talvez seja! No entanto, pode ter tido apenas sorte. O mais provável é que você seja inteligente *e* tenha tido um pouco de sorte. A questão é que não é possível necessariamente identificar todas as variáveis que podem levar ao sucesso ou ao fracasso em qualquer negócio em particular. Para descobrir se está certo em relação a algo, você precisa fazer um teste.

Testes são considerados chatos e entediantes; contudo, apenas na medida em que seja possível considerar enfadonho ganhar muito dinheiro. Há um velho ditado: os dados não mentem. Ao olhar para os dados, você não está confiando na intuição; está confiando na realidade.

COMO FAZER UM SIMPLES TESTE A/B

Um dos experimentos mais simples que você pode fazer é o chamado teste A/B. É como uma prova cega de sabor, na qual você experimenta dois refrigerantes diferentes (ou cafés, ou qualquer coisa) e escolhe o seu preferido, sem saber as marcas ou nomes. Para o teste A/B, você pode apresentar aos clientes duas versões do seu produto ou oferta e verificar qual delas as pessoas tendem a selecionar. Ou, para fazer o teste A/B em seu *site*, você pode criar duas versões de uma página e direcionar metade de seu tráfego para uma e metade para outra. Com o tempo, você terá facilidade em ver qual versão apresenta melhor desempenho — então, poderá mudar para aquela versão e testar outra coisa.

Você se lembra do Dia 5, quando fez projeções no verso do guardanapo? As variáveis que identificou lá são perfeitas para se testar. Considere o exemplo da aula de observação de pássaros, pela qual você não tinha certeza se deveria cobrar 49 ou 79 dólares. Bem, monte duas versões da página de registro, uma de 49 e outra de 79, e direcione de modo aleatório metade de seus visitantes a cada uma. Em seguida, observe a *taxa de conversão* (número de pessoas inscritas dividido pelo número total de pessoas que viram a oferta) para cada uma. Você pode descobrir que cobrar 79 dólares em vez de 49 não afeta muito as decisões de compra dos observadores de pássaros. Se assim for, ótimo! Agora você sabe que pode ir em frente e cobrar o preço mais alto, sem se preocupar em perder clientes.

NÃO PERCA TEMPO TESTANDO A COR DOS BOTÕES DE PEDIDO

Muitas pessoas se distraem ao testar coisas minúsculas. Elas ficaram sabendo que a Amazon.com testa tudo, desde como os preços são exibidos até a cor dos botões de pedido. O problema é que a Amazon tem 250 mil funcionários, vende cerca de 480 milhões de itens diferentes e deposita pelo menos um grande quatrilhão de dólares em suas contas bancárias *todos os dias*.[12]

O volume de vendas da Amazon é tão grande que, se a empresa conseguir melhorar sua taxa de conversão apenas numa ínfima porcentagem, isso pode significar centenas de milhares de dólares de receita extra. Mas você não é a Amazon. Você não precisa testar tudo. Você só precisa testar *as coisas que mais importam*. Comece com coisas grandes. Aqui estão as três mais importantes:

1. Seu produto ou serviço (o que você oferece);
2. Sua oferta (como você a apresenta);
3. Seu preço (quanto custa).

É melhor evitar fazer mais de um teste A/B por vez, porque você não teria como saber qual fator influenciou os diferentes resultados. No entanto, você deve continuar fazendo testes A/B *diferentes*, um após o outro.

Por exemplo, digamos que você faça um teste comparando um desconto de 10% com uma promoção de frete gratuito. Você descobre que o frete gratuito é mais atrativo para seus clientes e isso se torna parte da nova oferta. O que testará a seguir? Talvez você tente comparar o frete grátis com um desconto de compra em grandes quantidades, ou talvez combine o frete grátis com os 10% de desconto originais, para ver como os clientes respondem em comparação com o frete grátis ao preço regular.

Com o tempo, você obterá mais e mais informações sobre o que seu cliente ideal deseja e o quanto ele está disposto a pagar.

---

12. Não há estimativas precisas. Estudos sugerem que é de pelo menos um bilhão de quatrilhões. Ou simplesmente rios de dinheiro.

PRÓXIMOS PASSOS

Tudo isso ocupará a sua atenção enquanto nos aproximamos de nossa última semana. Mas, por mais importante que seja testar, lembre-se de não se perder em detalhes. É provável que você veja resultados muito melhores ao testar essas três grandes variáveis do que ao testar coisas menores. Ainda assim, se decidir dar um mergulho mais profundo no mundo dos testes, há muitas outras variáveis para comparar. Aqui estão apenas algumas a serem consideradas:

- Texto longo *versus* texto conciso em sua página de vendas;
- Ordem das palavras, em especial nos títulos e chamadas à ação;
- Navegação do *site* e experiência do usuário;
- Um período gratuito para testar *versus* um período de preço mais baixo (ou sem período de teste);
- Depoimentos de clientes satisfeitos *versus* avaliações ou notas de especialistas;[13]
- Venda agressiva *versus* venda suave (ou ambas).

Vale lembrar que todos esses testes podem acabar numa pesquisa sem fim e gerar uma enorme perda de tempo; por isso, não mergulhe neles até ter certeza de que sua oferta é sólida.

---

13. Estas são duas formas diferentes de "prova social", um fator importante em muitas decisões de compra.

CUIDADO COM OS FALSOS POSITIVOS

Um amigo me contou uma história de quando fazia testes A/B para uma grande marca. Ele teve o que achou ser uma grande ideia: mudar a CTA na página de pedidos para um negócio de assinatura de *software*. Sua mudança resultou num grande aumento de cliques: mais de 40%. Contudo, antes de se parabenizar e marcar uma viagem a Las Vegas, ele observou os dados por mais alguns dias.

Infelizmente, havia algo errado. Havia mais pessoas clicando, mas muito menos cliques convertidos em vendas reais. Enquanto isso, a página de controle (aquela que não muda) mantinha o mesmo nível de vendas, rendendo, no final, mais dinheiro para a empresa. Por quê? Quem saberá? Mas os dados não mentem, e é por isso que fazemos testes. Ele abandonou a nova CTA e voltou à original.

O Pinterest era ideal para esse tipo de teste imediato. Gabby podia carregar um *pin* e, dentro de uma hora, saber se tinha sido um sucesso ou não. Com o passar do tempo, ela ficou melhor em prever quais *pins* se sairiam melhor com seu público em rápido crescimento. Também se ramificou um pouco, adicionando novas "pastas" com "tópicos" diferentes, mas de algum modo relacionados. Com esforço e inteligência, ela aumentou seu número de seguidores para mais de um milhão de pessoas. Quase todo mês, recebia um novo contrato para publicidade de marca, que lhe rendia pelo menos mil dólares.

Como já vimos com outros negócios, ganhar dinheiro com *pins* pode não ser algo para sempre — mas Gabby não está reclamando. Enquanto esses cheques continuarem chegando, ela vai descontá-los.

DIA 21

QUEIMA TOTAL POR TEMPO LIMITADO

Promoções, descontos e ofertas especiais são sua arma não tão secreta para incentivar os clientes a comprar. Há uma razão muito boa para que tantas lojas "fechem o negócio" a cada três meses.

Muito antes de começar um projeto de renda extra vendendo artesanato de pedra e ardósia no etsy, plataforma de artesanato *online*, Andrew Church, de Waterford, na Pensilvânia, já era curioso e ambicioso. Ex-campeão de luta livre na faculdade, mantinha um trabalho em meio período como árbitro, enquanto trabalhava como engenheiro industrial para a GE.

Essa curiosidade, além do amor pela carpintaria, o levou a experimentar um projeto inusitado. Ele pegou uma placa de ardósia e a cortou no formato de seu sobrenome em letras cursivas. Seu plano era colocar a placa no telhado de casa, somente isso. Assim que comprou as serras para cortar a ardósia, no entanto, percebeu que aquele era um material único. Era versátil, não tão difícil de manipular, *e* não havia muita gente utilizando-o de forma tão criativa.

Numa explosão de inspiração (e um pouco de orgulho local), decidiu fazer várias tábuas de corte no formato da Pensilvânia, a partir da ardósia de demolição local. Assim, acabou anunciando suas criações no etsy, que parecia ser um lugar natural para tais coisas. E foi assim que logo recebeu um e-mail muito simpático, notificando-o de que um estranho havia comprado algo em sua novíssima loja *online*.

Após essa primeira notificação, veio outra alguns dias depois e, em pouco tempo, ele estava recebendo pedidos com regularidade. Ele não tinha uma grande estratégia para o negócio, mas um feriado estava chegando. Por um capricho, decidiu abordar seus seguidores no Facebook e uma nova lista de e-mails com uma oferta: somente naquele dia, daria um desconto de 20% em todas as compras.

Anunciar aquela promoção foi como abrir uma torneira. Em menos de um dia, ele vendeu mais que nas duas semanas anteriores. Vários novos clientes escreveram dizendo que estavam de olho nas tábuas de corte há algum tempo, mas não tinham conseguido se comprometer a fazer a compra. Quando a oferta por tempo limitado surgiu, ela foi apenas o incentivo de que precisavam para abrir as carteiras.

PROMOÇÕES, DESCONTOS E OFERTAS ESPECIAIS: UMA ARMA NÃO TÃO SECRETA

Se você já viu uma venda de "encerramento de atividades" numa loja de móveis, que depois é reaberta pouco tempo depois, você não é o único. Com tantas queimas de estoque, parece até que os donos da loja estejam fechando a loja de propósito. Essas lojas fazem promoções assim porque sabem que funcionam, mesmo que a tática de fechar e reabrir não seja nada sutil.

O tipo certo de promoção ou oferta especial tem o mesmo efeito de se chegar a um campo de batalha num tanque. Todos sabem o que é um tanque, e todos podem vê-lo a um quilômetro de distância. Mas será que as pessoas prestam atenção? Evidentemente — é um tanque!

Você já respondeu a uma oferta de *algo que não queria*, só porque estava em promoção? É claro que sim — todo mundo já respondeu. Os seres humanos estão condicionados a responder a ofertas. Todos gostam de obter algo por um valor mais baixo.

Oferecer algum tipo de promoção ou oferta especial talvez seja a arma não tão secreta mais eficaz no arsenal da sua renda extra. Isso não significa que você precise reduzir seus preços ou entregar a loja de graça.[14] Há mais de uma maneira de usar promoções especiais para animar as pessoas com sua oferta, mas a maioria envolve criar a sensação de que (a) ela é especial e (b) não durará para sempre.

Aqui está uma breve lista de *alguns* tipos de oferta que você já deve ter visto:

- **DESCONTO:** porcentagem ou quantia abaixo do preço regular;
- **QUEIMA:** redução de preço temporária e geral;
- **ABATIMENTO:** desconto concedido *após* a compra;
- **PAGUE UM, LEVE DOIS:** incentivo para receber algo mais após uma compra;
- **INDIQUE UM AMIGO:** recompensa por trazer novos clientes;
- **PROGRAMA DE COMPRAS FREQUENTES:** recompensa por gastar mais ou com mais frequência;
- **AMOSTRA GRÁTIS OU TESTE GRATUITO:** concebidos para demonstrar um produto ou serviço antes da compra;
- **DESCONTO ALEATÓRIO:** porcentagem variável ou valor abaixo do preço regular;
- **CONCURSOS:** um concurso, sorteio ou prêmio concedido de modo aleatório.

O mais importante nessas ofertas é que elas são válidas ou resgatáveis por *tempo limitado*. A tabela a seguir mostra a linguagem comum utilizada para promover essas ofertas.

---

14. Lição de vida: se for vender sua alma, pelo menos garanta um bom preço.

TIPO DE PROMOÇÃO	LINGUAGEM COMUM
Desconto	"Ganhe 20% de desconto somente esta semana."
Queima	"50% de desconto na liquidação — bota fora!"
Abatimento	"Ganhe um desconto de 50 dólares ao comprar *online*. Válido até o final do mês."
Pague um, leve dois (ou ganhe outra coisa)	"Compre um trator, leve dois. Válido somente por 12 horas."
Indique um amigo	"Oferta especial de férias: ganhe crédito na loja quando contar a seus amigos sobre nós."
Programa de compras frequentes	"Ganhe um café grátis após oito compras."
Amostras grátis ou testes gratuitos	"Experimente de graça enquanto temos estoque."
Descontos aleatórios	"Gire a roleta e veja o quanto você economiza."
Concursos	"Participe agora e ganhe um grande prêmio."

Observe como seu próprio comportamento pode mudar diante de incentivos. Você precisava mesmo daquele pacote de jujubas tamanho jumbo? É provável que não... mas *estava em promoção*. Há um voo mais conveniente em outra companhia aérea... mas se você voar com sua companhia habitual, ganhará mais milhas. Talvez você não goste tanto daquela cafeteria quanto da outra... mas faltam apenas dois carimbos para ganhar um cappuccino grátis!

Se você é imune a tal comportamento, parabéns. Entretanto, lembre que a maioria de nós não é; por isso, ao montar seu negócio, não se esqueça do tanque parado no seu quintal.

A PSICOLOGIA DA ESCASSEZ E DA URGÊNCIA

Você não precisa saber exatamente como ou por que isso funciona; só precisa saber que funciona. A menos que tenha níveis incríveis de autocontrole, é possível perceber isso nos seus próprios padrões de gastos.

Se estiver interessado, aqui está um resumo *muito rápido* dos motivos pelos quais todos estamos condicionados a responder a promoções e ofertas especiais. Duas variáveis psicológicas fundamentais estão em ação: a escassez e a urgência. A primeira está relacionada à percepção de recursos ou oportunidades limitadas; a segunda, à percepção de que esses recursos ou oportunidades não estarão disponíveis para sempre.

> **Escassez:** "O **número de itens** é limitado! Se eu não comprar um, vou ficar sem."
>
> **Urgência:** "A promoção vai acabar logo. Se eu não comprar *agora*, vou ficar sem."

De modo geral, quanto mais você puder introduzir esses fatores em seu marketing — sem ser desonesto –, mais sucesso obterá. Não precisa ser um papo agressivo de vendedor; encontre a melhor abordagem para você.

NÃO SEJA UM IMITADOR

Quando se trata desses tipos de oferta, vale a pena pensar fora da caixa. No livro *Startup de $100*, contei a história de Adam e Karol, que lançaram uma liquidação de um pacote de produtos digitais famosos. Eles a chamaram de "Somente 72", pois a liquidação duraria apenas 72 horas antes de acabar para sempre. O projeto foi um enorme sucesso, produzindo receitas de seis dígitos antes de os fundadores passarem para outros projetos.

Adam e Karol não foram os primeiros a fazer esse tipo de promoção, mas não era comum na área deles na época, e eles a fizeram de um jeito único — por isso funcionou.

Depois, vieram os imitadores. Como alguém que tende a entrar em todos os tipos de listas de e-mail dessas coisas (quer me inscreva ou não), minha caixa de entrada era abarrotada com apresentações repetidas a cada semana:

"Estou fazendo uma venda em pacote. Quer fazer parte dela?" Logo, minha resposta padrão passou de "Parece interessante, quero mais informações" para "Não, obrigado". Algumas das outras promoções produziram resultados decentes, mas por terem se tornado tão pouco originais, poucas (se é que alguma) foram tão lucrativas quanto a Somente 72.

Isso me faz lembrar a história do *site Million Dollar Homepage* (em inglês, "página de um milhão de dólares"). Nos primeiros tempos da internet, o estudante britânico Alex Tew teve a ideia louca de vender um milhão de dólares de espaço publicitário num *site* com uma única página.

Como muitas ideias malucas, funcionou — um pouco porque parecia ridículo, mas também porque Alex foi capaz de gerar uma enxurrada de acessos na mídia, em grande parte por ter sido o primeiro a pensar num conceito tão improvável.[15]

Após o sucesso de Alex, surgiram muitos outros *sites* com a mesma promessa. Como você pode adivinhar, essas imitações receberam muito menos atenção, tanto da mídia quanto de patrocinadores potenciais.

Se você se sentir tentado a copiar o modelo de alguém, lembre que a próxima tática inteligente ainda está por ser descoberta. Será você quem vai encontrá-la?

DIRETRIZES, DICAS E TRUQUES

As ofertas especiais são mais arte do que ciência, mas algumas diretrizes simples podem ajudar.

1. ANUNCIE A PROMOÇÃO COM ANTECEDÊNCIA.

Não apareça com uma promoção; avise às pessoas que ela está próxima. Não é preciso dar todos os detalhes, mas criar antecipação pode contri-

---

15. De acordo com a Wikipedia, Alex arrecadou um total de US$ 1.037.100 em receita publicitária.

buir — e muito — atraindo uma multidão de compradores, ansiosos para irromper porta adentro assim que a sua promoção começar.

2. SEUS CLIENTES NÃO DEVEM TER DE VENCER OBSTÁCULOS PARA SE BENEFICIAR DA PROMOÇÃO.

Volta e meia, um salão no meu bairro divulga uma promoção: "Indique-nos aos seus amigos! Se eles mencionarem você quando vierem, você ganhará 25% de desconto sobre o valor integral do próximo corte de cabelo". Pode parecer uma promoção boa, mas considere o processo: primeiro, você coloca sua própria credibilidade em jogo ao encaminhar os amigos para o salão. Depois, precisa lembrá-los de mencionar seu nome, ou não ganhará o desconto. É pressão demais!

3. A VENDA DEVE PROPORCIONAR UMA PERCEPÇÃO DE ECONOMIA PARA OS CLIENTES.

Imagine a promoção anterior, só que, desta vez, você economizará apenas 10%. Vale lembrar que você só pode economizar com um corte de cabelo de valor integral. Se o corte de cabelo tiver algum desconto por qualquer outro motivo, esqueça a economia de 10%. Nada motivador, certo?

4. CERTIFIQUE-SE DE QUE SUA OFERTA DEIXE OS CLIENTES ENTUSIASMADOS.

O segredo aqui é apelar para a emoção e mostrar por que as pessoas precisam de algo que talvez nem tenham percebido que desejavam. No plano ideal, você quer que elas pensem: *Uau, que oferta incrível. Talvez eu precise mesmo de um pacote tamanho jumbo de jujubas!*

5. TESTE SEUS SISTEMAS (FORMULÁRIO DE PEDIDO, CARRINHO DE COMPRAS ETC.) PARA GARANTIR QUE AS INFORMAÇÕES ESTEJAM CORRETAS.

É provável que você precise mudar algumas configurações e o texto no seu *site* ao lançar uma promoção. Antes de direcionar uma enxurrada de clientes potenciais para o seu *site* (ou local de venda), certifique-se de que tudo esteja consistente e funcionando direito. Não há nada pior que, quando consumidores pensam que estão aproveitando uma promoção ótima, descobrirem que o desconto ou oferta não é aplicado de modo automático no *checkout*, como o anúncio prometia.

6. QUANDO A PROMOÇÃO TERMINA, ELA TERMINA MESMO.

As pessoas vão pedir com frequência para prolongar a promoção. Na maioria das vezes, a melhor política é dizer não. Você avisou que a promoção terminava num determinado momento; portanto, ao abrir exceções, não estará apenas colocando sua credibilidade em cheque, mas faltando com a palavra dada aos outros clientes. Um breve período de tolerância é aceitável, mas, na maior parte do tempo, é melhor se ater aos seus princípios. Assim, é muito mais provável que eles prestem atenção e não percam a próxima promoção.

Quando Andrew e eu conversamos pela última vez, ele estava no caminho certo para ganhar mais de 25 mil dólares com o projeto de ardósia. Para ele, a oferta de 20% não só gerou um fluxo de vendas, como também expandiu sua carteira de clientes. Esse é outro benefício dessa estratégia: quando as pessoas compram algo de você com desconto e saem satisfeitas com o produto, é mais provável que voltem a comprar de você *e* divulguem a experiência aos amigos.

Andrew não só ficou 25 mil dólares mais rico, como também está animado com o futuro e tem um plano ambicioso para expandir o negócio e substituir o salário de engenheiro em tempo integral. Tudo isso aconteceu sem que fizesse qualquer investimento real em marketing. Como benefício secundário, ele nunca mais precisará comprar outro presente de aniversário, casamento ou chá de panela — se quiser oferecer um presente instantâneo e inesquecível, basta confeccionar uma peça de ardósia personalizada e embrulhá-la com um laço.

Se esquecer tudo que descrevemos neste capítulo, lembre-se do seguinte: para ganhar mais dinheiro, ofereça um desconto ou uma promoção por tempo limitado. Apareça num tanque!

DIA 22

EMOLDURE SEU PRIMEIRO REAL

Celebre sempre suas primeiras conquistas. Há mais trabalho a ser feito, mas as pequenas vitórias podem ser muito satisfatórias.

Quando Max Robinson, da Escócia, abriu um e-mail informando que receberia um cheque de 200 dólares, pensou que era *spam*. Uma semana depois, quando recebeu o cheque, teve que consultar a taxa de câmbio para descobrir quanto aquilo valia em seu país. Estava preocupado pensando que o depósito não seria aceito pelo banco — mas, felizmente, o pagamento foi liberado.

O dinheiro tinha vindo de seus novos amigos na Amazon.com. Nunca conheceu esses amigos; por impulso, havia acabado de se inscrever no programa de compartilhamento de receita da empresa. Tudo começou quando montou um *site* sobre o *hobby* peculiar ao qual se dedicava nos intervalos do trabalho como proprietário de uma empresa de construção. Seu *hobby* era a criação de peixes, mais especificamente os aquários de peixes.

Max escreveu algumas resenhas interessantes sobre aquários de peixes (sim, interessantes mesmo — chegarei lá) e publicou no seu *site*, junto com links para vários modelos na Amazon. Então, depois de algumas noites acordado até tarde montando o projeto, seu emprego oficial voltou a ocupá-lo e ele esqueceu o *site* por um tempo.

Ao ver o e-mail três semanas depois, em seguida o cheque, mais tarde o dinheiro no banco, Max voltou a pensar no assunto. Tinha mesmo recebido 200 dólares só por escrever resenhas sobre aquários? De fato, tinha. Sua companheira também não acreditou no início — pelo menos até levá-la para jantar num bom restaurante com o dinheiro.

Os 200 dólares foram especiais para Max. Na empresa de construção, ele lidava com quantias muito mais altas com regularidade. No entanto, para ele e para muitos outros no mundo dos projetos de renda extra, esse lucro tinha mais a ver com orgulho do que com dinheiro. Tinha a ver com a alegria de olhar para aquele cheque e pensar: *fui eu que fiz.*

A outra vantagem daquele cheque inicial era a promessa de pagamentos futuros. Ele não fez nenhum marketing especial para impulsionar o *site*. Tinha até o abandonado, enquanto focava nas tarefas da empresa de construção. Será que os novos amigos da Amazon.com lhe enviariam outro cheque no próximo mês e no mês seguinte? Além disso, o que aconteceria se investisse mais naquele trabalho — se escrevesse mais resenhas de aquários, ganharia mais dinheiro?

Essas perguntas eram intrigantes e Max ansiava por explorá-las. Mas tudo começou com aquele primeiro cheque. Não era só dinheiro para gastar; era o sinal de entrada de uma possibilidade.

INVISTA EM VOCÊ

No mundo todo, proprietários de lojas e restaurantes têm o hábito de emoldurar seu primeiro dólar. Você o vê atrás da caixa registradora ou na parede, ao lado de recortes antigos de jornais com resenhas ou outras recordações. Às vezes, há uma história junto com ele, às vezes há só o dólar. Pode não ser uma nota real, é claro — talvez seja uma foto do primeiro cliente ou de um dos donos, atrás do balcão, no dia da abertura da loja. Seja o que for, esse item transmite uma mensagem de orgulho e propriedade: "Nós conseguimos!"

Você, empreendedor de projeto de renda extra, também precisa de um lugar para emoldurar o seu dólar.

Ganhar dinheiro sozinho, para além do trabalho oficial, é uma experiência transformadora. Várias vezes vi como isso pode ser fortalecedor, sobretudo para quem sempre trabalhou em empregos tradicionais e que nunca se lançou por conta própria.

Por isso, é importante celebrar essa conquista de alguma forma, mesmo que você não emoldure seu primeiro dólar literalmente. Max teve a ótima ideia de levar sua companheira para jantar num bom restaurante. Dessa forma, ele compartilharia a celebração com ela — o que contribuiu para que ela apoiasse mais o projeto.

Em quase todas as histórias apresentadas neste livro, o personagem relata a alegria ao perceber que seu projeto estava dando certo. Em muitos casos, os benefícios intangíveis eram muito maiores que o benefício bastante tangível de ganhar mais dinheiro.

Ao trabalhar para uma empresa, de uma forma ou de outra, você traz muito mais dinheiro para o seu empregador do que recebe. Isso não é ruim — é assim que o mundo funciona e, se o seu empregador não ganhasse dinheiro, vocês dois estariam em apuros. Todavia, também é por isso que os projetos de renda extra são tão importantes. Você pode reconquistar um pouco desse valor para si mesmo.

Ao começar a empreender para ter uma renda extra, é bom ser econômico e conservador. É melhor manter despesas baixas e concentrar--se no crescimento da receita. Mas não exagere. Seu projeto existe para lhe pagar, não o contrário. Não se limite a investir de volta no negócio. Invista em você mesmo. O que está anotado na sua lista de objetivos de vida? Há alguma viagem que você sempre quis fazer?

Mesmo pequenas comemorações podem ser significativas. Vá a um novo restaurante fora do seu orçamento usual ou da sua zona de conforto. Faça uma massagem. Tire uma tarde de folga e passe-a percorrendo uma livraria ou indo ao cinema. Abrace a vitória — você merece.

Depois da surpresa de 200 dólares, Max retomou o trabalho no projeto. Escreveu mais resenhas, atualizou as páginas e inseriu um pouco mais de conteúdo no *site*. Em poucos meses, estava ganhando cerca de 700 dólares por mês com regularidade, sem acrescentar nada ao *site* nem fazer nada. A renda extra dele é realmente do tipo que você monta e esquece. Como em algumas das histórias que já leu, é provável que ela não dure para sempre, mas tudo bem. Enquanto isso, ela permitiu que Max tirasse duas férias extras por ano.

Como Max vive no Reino Unido, tinha a opção de receber suas comissões por depósito direto em sua conta bancária. Ele recusou essa opção; *adora* o cheque físico que recebe pelo correio todos os meses. É divertido e ele sente o mesmo orgulho cada vez que o recebe. Pode ser que tente iniciar mais projetos, como o blog sobre aquários, ou que permaneça focado na sua empresa de construção, ou que faça algo 100% diferente. Mas, independentemente disso, o sucesso inesperado fez uma diferença positiva enorme em sua vida.

Seu projeto de renda extra pode trazer a mesma sensação de confiança e orgulho. Assim que tiver algo para comemorar, mesmo uma vitória mínima, abrace-a. *Foi você que fez isso.*

SEMANA 4 — RECAPITULANDO!

Sua oferta foi lançada ao mundo! Há mais a fazer, mas também há muito a comemorar.

PONTOS-CHAVE

- Comece antes de estar pronto e procure a "prova de conceito".
- "Venda como uma escoteira": se tiver identificado corretamente o seu cliente ideal, lembre que ele está procurando você, e não

apenas o contrário. Não tenha medo de usar a criatividade ao abordá-lo com sua mensagem.

- Testar é tão entediante quanto ganhar muito dinheiro. Prepare pelo menos um teste A/B para ver como você pode melhorar sua oferta.
- Use ofertas e promoções para estimular a ação. Apareça com um tanque!

SEMANA 4:
MOSTRE SUA IDEIA PARA AS PESSOAS CERTAS

Dia 17: Anuncie sua oferta!

Dia 18: Venda como uma escoteira

Dia 19: Peça ajuda a dez pessoas

Dia 20: Teste, teste e teste mais uma vez

Dia 21: Queima total por tempo limitado

Dia 22: Emoldure o seu primeiro real

SEMANA 5

REAVALIE E REFINE

Seu negócio está no mundo! Parabéns! Agora vamos ver o que você pode fazer para aumentar a aposta.

SEMANA 5: REAVALIE E REFINE

Dia 23: Monitore seu progresso e defina os próximos passos

Dia 24: Invista no que dá certo, abandone o que não funciona

Dia 25: Procure o dinheiro debaixo das pedras

Dia 26: Tire isso da cabeça

Dia 27: De volta para o futuro

DIA 23

MONITORE SEU PROGRESSO E
DEFINA OS PRÓXIMOS PASSOS

Conforme aprende mais sobre a resposta dos clientes a seu projeto, tome nota das métricas mais cruciais e, em seguida, coloque em prática o que aprendeu.

Quando Tim Aton estava no segundo ano do ensino médio, sonhava em trabalhar como programador numa agência digital. Como ainda estava na escola, sabia que precisava fazer algo para se destacar; então, decidiu criar um currículo não convencional. Em vez de usar um processador de texto como a maioria das pessoas faria, usou o Photoshop da Adobe para criar um currículo visual diferente daqueles normais que tinha visto antes. Acabou não conseguindo um emprego, talvez por ter apenas quinze anos, mas o dono da agência reparou nele e se tornou seu mentor.

Alguns anos mais tarde, ele se lembrou dessa experiência quando estava na faculdade precisando de dinheiro. Talvez, pensou, pudesse oferecer um serviço de currículo personalizado para outros estudantes. Tim era inteligente e não queria limitar sua carteira de clientes apenas aos estudantes da sua faculdade — ele sabia que o mercado potencial era muito maior. Decidiu promover sua oferta *online*. Entrou no *site* Fiverr.com e publicou um anúncio: "Faço um currículo personalizado impressionante por cinco dólares".

Naquele primeiro dia, recebeu um pedido. Assim que o entregou e ganhou uma avaliação positiva, outros se seguiram; em poucas semanas, já estava recebendo e entregando mais de oito pedidos por dia. Cinco dólares por pedido não o levariam muito longe, mas Tim foi esperto. Embora os serviços básicos no Fiverr custem apenas cinco dólares, o *site* permite que se ofereça muitas atualizações e vendas cruzadas no anúncio. Ao adicionar algumas opções de compra, o valor dos pedidos médios de Tim triplicou. Mesmo assim, não era muito, e ele era um estudante ocupado que precisava administrar o tempo com atenção. Assim que seu horário de aulas ficou cheio, ele encerrou o anúncio.

No entanto, ao final do período seguinte, retomou a ideia. Sentiu que a ideia dos modelos de currículo tinha potencial. Eles eram interessantes, divertidos, e era claro que muita gente gostava deles. A partir de todos aqueles pedidos no Fiverr, sabia que havia uma demanda clara. Também sabia, no entanto, que não queria gastar todo seu tempo preenchendo currículos personalizados por valores tão pequenos. Haveria um jeito melhor?

Tim passou parte do verão seguinte experimentando ideias diferentes. Primeiro, anunciou sua oferta em outro *site*, tentando se libertar do ecossistema Fiverr, dominado pelos preços baixos. Os resultados não foram muito brilhantes, mas ele ainda acreditava no conceito. Depois, tentou criar seu próprio *site*, o Résumé Redesign. Mas o *site* também não deu certo.

Por fim, mais de um ano depois de receber o primeiro pedido, ele percebeu algo. Não queria ser um designer fazendo um trabalho para um cliente, criando um currículo visual por vez, a partir do zero. O que ele queria era vender um modelo. Chamou o novo negócio de Foundry Resumes (em português, "fundição de currículos") e criou dezesseis designs únicos. Foi muito trabalhoso criar

214 Projeto Renda Extra

tantos modelos, mas modelo é a palavra-chave: uma vez criados, eles não precisavam ser trocados ou personalizados, pelo menos não por ele. Tim venderia os modelos e os clientes os customizariam quando assim desejassem.

Ao trocar a venda de currículos personalizados pela venda de modelos de currículo, ele também saía de um modelo baseado em serviços para um modelo baseado em produtos. Com esse novo foco, Tim criou um novo *site*. Ele também anunciou os modelos à venda no Creative Market, um diretório de ativos de design e banco de imagens em que as pessoas pagam para fazer *download*.

Assim como quando lançou o serviço original dois anos antes, já no início conseguiu fazer vendas. Desta vez, vendeu os modelos por onze dólares em vez de cinco, e não teve que fazer mais nada para atender os pedidos. Em vez de olhar para sua caixa de entrada e se sentir sobrecarregado todas as manhãs, olhava para sua conta bancária e via o dinheiro entrando com regularidade. Em poucos meses, estava ganhando mais de 450 dólares por mês com seu projeto de renda extra.

AVALIE SUA IDEIA ORIGINAL: ESTÁ DANDO CERTO?

Quando perguntamos a muitos empresários como andam os negócios, eles tendem a dizer coisas como "está tudo bem". Quer estejam ganhando um milhão de dólares por semana ou quase falidos, a resposta é sempre a mesma. Entretanto, um negócio nunca "está tudo bem". Pode ser que esteja tendo sucesso ou não, mas sempre está numa trajetória, de uma forma ou de outra.

Nos estágios iniciais do negócio, você deve responder à pergunta "Está dando certo?" com algo melhor que "está tudo bem". É preciso avaliar o projeto de forma objetiva e ser honesto consigo mesmo sobre o retorno, isto é, se está dando lucro ou não. Quando você pergunta "Está dando certo?", há apenas três resultados possíveis.

Resultado 1: *Você está bombando!* Os resultados iniciais estão muito acima das projeções no verso do guardanapo. O banco ligou para certificar-se de que você não está vendendo drogas nem lavando dinheiro. Você está animado por estar surfando essa onda e empolgado para ver o que vem a seguir.

Resultado 2: *Fuen-fuen.* Você teve uma boa ideia, mas não deu certo. Em vez de uma enxurrada de compradores, quando abriu as portas, você se viu sozinho no meio de uma loja vazia.

Esses dois resultados apresentam, cada um deles, um passo claro a seguir: se está dando certo, ótimo — continue. Se não estiver, você precisa minimizar suas perdas e tentar outra coisa. Mas é igualmente provável, se não mais, que você experimente um terceiro resultado.

Resultado 3: *Sua ideia funciona, mais ou menos.* Neste resultado muito comum, sua renda extra ainda não rendeu muito, mas você ainda está feliz com o rumo que está tomando. Já houve interesse suficiente para lhe deixar confiante de que, com algum aprimoramento (ver Dia 25) e a ajuda de alguns amigos (ver Dia 19), as vendas vão crescer. Ou talvez seja o contrário — você fez algumas vendas e ganhou algum dinheiro, mas já não sente que esse empreendimento faz sentido para você.

Na maioria das vezes, sua experiência cairá nesta última categoria, e não tem problema. Se você seguiu os passos deste livro, é pouco provável que tenha um fracasso total. Contudo, muitas ideias lucrativas também não são grandes sucessos de imediato. Saber o que fazer *depois* de lançar um projeto de renda extra fará uma enorme diferença nos resultados em longo prazo. Como saber o que fazer agora? Basta olhar para as métricas. Os dados ajudarão você a decidir.

MONITORE O QUE INTERESSA, IGNORE O QUE NÃO INTERESSA

No Dia 20, você aprendeu sobre testes. De certa forma, o monitoramento de dados é uma forma avançada de teste, mas não precisa ser complicado. Empresas gigantes como a Amazon.com monitoram dezenas ou mesmo centenas de métricas. No entanto, lembre-se de que você não é a Amazon.com — então, não faça isso. Você só precisa monitorar alguns números importantes que farão uma verdadeira diferença nos seus resultados em longo prazo.

Pense em como você acompanha outras coisas na vida, incluindo saúde e finanças pessoais. Você tem uma ideia aproximada do saldo da sua conta corrente a qualquer momento? (A maioria das pessoas tem.) E quanto à saúde, como você se sente neste momento? (É outra pergunta fácil.) Para cada uma dessas áreas você poderia coletar vários tipos de dados, mas, respondendo a essas duas perguntas simples, o panorama geral fica fácil de discernir.

É assim que deve ser com a sua renda extra: a qualquer momento, você deve saber como anda a saúde e o bem-estar geral dela. Isso não é difícil quando você acompanha suas métricas em três áreas-chave:

- Lucro (renda menos despesas);
- Crescimento (número de novos clientes em potencial, consumidores ou clientes);
- Tempo (quantas horas por semana você gasta trabalhando no projeto).[16]

Como parte de monitorar o crescimento, também será bom analisar as estatísticas do *site* (*analytics*) para verificar quem o está visitando e de onde esses visitantes estão vindo. Mais uma vez, não precisa ser

---

16. Em longo prazo, é bom saber o "salário por hora" aproximado no negócio. Você pode querer separar o tempo de inicialização do tempo de operação, uma vez que o tempo de inicialização é altamente variável.

nada complicado. Uso uma planilha muito simples para acompanhar a maioria dos meus empreendimentos. É bem semelhante ao método de projeção no verso do guardanapo que você aprendeu no Dia 5, mas, em vez de despesas e receitas, o ideal é rastrear as principais métricas que já mencionei.[17]

Pode haver outras métricas relevantes para o negócio e é bom ficar de olho nelas. Basta ter cuidado para não ficar obcecado com dados que não afetem seu lucro ou crescimento.

SE NÃO FOR BEM-SUCEDIDO NO INÍCIO, CONTINUE TENTANDO

Tim poderia ter continuado a se desgastar fazendo currículos personalizados por cinco dólares e, em termos técnicos, teria sido um negócio viável. Embora fosse uma grande experiência que o ajudava a ganhar confiança em suas habilidades, ele também sabia que, em longo prazo, era uma má ideia.

Seus resultados indicavam que estava no território do Resultado 3, no qual a ideia inicial funcionava, *mais ou menos*. Quando ele analisou suas principais métricas, em especial o tempo que perdia cumprindo cada encomenda de baixo preço, percebeu que, para que seu negócio fosse sustentável em longo prazo, teria de mudar sua abordagem. Devido à demanda que tinha visto, ainda acreditava que o problema central que tentava resolver era o certo. Só precisaria mudar a solução que deu a ele.

ESTRATÉGIA ORIGINAL

Problema: Os currículos são sem graça.

Solução: Oferecer currículos personalizados e visualmente atraentes por encomenda.

---

17. *Lucro Primeiro*, de Mike Michalowicz, é um ótimo livro que oferece meios alternativos para monitorar o crescimento. A teoria de Mike é que a maioria de nós está habituada a olhar para o próprio saldo bancário e, por isso, devemos construir um sistema de monitoramento com base nesse hábito.

ESTRATÉGIA REVISADA

Problema: Os currículos são sem graça.

Solução: Oferecer uma série de modelos de currículos para venda, permitindo que os clientes façam sua própria customização.

A nova abordagem permitiu que Tim atendesse mais clientes *e* ficasse com mais tempo livre, e continuasse recebendo por isso. Essa foi uma grande vitória, que lhe permitiu colocar o negócio em piloto automático enquanto trabalhava em outros empreendimentos.

DEFINA AS PRÓXIMAS AÇÕES

Você seguiu o programa aplicadamente e seu negócio foi lançado. Você o testou com os clientes e já deve ter alguns dados que permitam concluir o quão bem ele está funcionando.

Ao analisar os resultados iniciais, tente obter uma visão o mais objetiva possível. Nesse momento, você precisa tomar uma grande decisão: abandonar o navio e tentar outra coisa ou manter o rumo e ajustar suas velas. Todas as etapas desta semana presumem que você está escolhendo a opção dois. Você está dando continuidade ao projeto, mas aprimorando-o para que ele renda mais dinheiro, exija menos tempo, torne-se mais sustentável ou alcance qualquer outro objetivo. Se estiver escolhendo a opção número um, tudo bem, mas antes de aumentar sua aposta — o objetivo principal desta semana — você precisará voltar ao início do programa e criar uma nova renda extra.

No fim das contas, você só precisa responder a uma simples pergunta: o seu projeto de renda extra é lucrativo? Sim, há mais de uma forma de se medir o sucesso, mas o empreendimento *deve* gerar lucro. Se o negócio ganhou mais de uma centena de seguidores na mídia social esta semana, ótimo — mas você não pode depositar essas pessoas em sua conta bancária. Espere que o projeto de renda extra dê os resultados desejados ou escolha outro.

Apenas para deixar tudo mais divertido, há outro cenário potencial: no período de primeira avaliação, você pode descobrir que o negócio está funcionando, *mas que já alcançou o máximo rendimento para esse projeto em particular*. Por exemplo, se você construiu uma casa na árvore no seu quintal e está alugando-a no Airbnb, é provável que não possa construir *outra*. Então, nesse caso, você pode simplesmente optar por deixar a casa na árvore continuar produzindo renda (lembre-se, dinheiro cresce em árvores...) enquanto passa o tempo livre com *hobbies* ou em família.

No entanto, é provável que, uma vez que esteja viciado em projetos de renda extra, você queira outro projeto. Se você alcançou o máximo rendimento, volte à lista de ideias que reuniu quando começamos ou busque uma ideia 100% nova. Agora que você é um empreendedor de projetos de renda extra experiente, é provável que não lhe faltem ideias, e você não deve ter problemas para concretizar uma delas.

Após transformar o serviço pouco convencional de currículo num produto, Tim havia construído, com efeito, uma casa na árvore do quintal — o projeto tinha cumprido seu objetivo e agora trabalhava bastante para trazer uma renda passiva. Poderia ter continuado a trabalhar no projeto, na esperança de fazê-lo crescer mais ainda, mas, em vez disso, olhou para o futuro e decidiu seguir uma das suas muitas outras ideias. Essa é a melhor coisa dos projetos de renda extra: assim que você começa a ganhar dinheiro, é difícil parar!

DIA 24

INVISTA NO QUE DÁ CERTO, ABANDONE O QUE NÃO FUNCIONA

> *À medida que o negócio evolui, há inúmeras opções para expandi-lo. Não se distraia; identifique o que funciona e invista nisso.*

Durante a maior parte de sua carreira, Ana Ramirez trabalhou com marketing. Um dia, sem aviso prévio, a empresa onde trabalhava, em San Diego, foi reestruturada e ela foi demitida. Olhando para trás, ela diz que a demissão foi, na verdade, uma bênção. Nessa época, sua mãe foi acometida por uma doença terminal. Estar desempregada permitiu que Ana passasse esses últimos meses ao lado dela.

Numa das longas conversas entre as duas, a mãe sugeriu: "Por que você não tenta vender sua arte?" Além de ser experiente em marketing, Ana era uma fotógrafa talentosa. No seu trabalho, ela se familiarizara com os bancos de imagens e fotografias, nos quais as empresas compram imagens para projetos comerciais. Sabia que a maioria dos *sites* maiores trabalhava com fotógrafos independentes, que carregavam lotes de imagens e recebiam uma porcentagem cada vez que alguém comprava e baixava alguma das suas fotos.

Ana também encontrou *sites* que permitiam que os artistas carregassem suas imagens para serem impressas e enviadas aos clientes, sendo a receita partilhada de alguma forma entre o artista e a empresa fornecedora da plataforma. Esse esquema a atraía mais que os bancos de imagens — ela adorava a ideia de que sua arte estaria nas casas de todo o país e, cada vez mais, no mundo todo. Mesmo assim, tentou as duas opções, experimentando diferentes maneiras de vender arte em vez de se comprometer com apenas uma.

Acontece que, embora os principais bancos de imagem tivessem uma quantidade enorme de tráfego, também hospedavam um grande número de imagens. Isso significava que, embora a carteira de clientes fosse grande, as chances de alguém encontrar de fato uma das fotos de Ana eram pequenas. Na outra ponta do espectro, os *sites* que produziam e enviavam belas impressões físicas não recebiam muitos visitantes. Mas lá, também, o trabalho dela não estava alcançando clientes potenciais suficientes. Um dia, recebeu um e-mail de alguém que trabalhava para a Pottery Barn (uma grande rede de lojas de decoração). Haviam descoberto suas fotografias e queriam comercializá-las para sua enorme base de clientes. Ana ficou empolgada quando licenciaram várias impressões e começaram a vendê-las em lojas físicas e *online*.

Assim que essa grande marca norte-americana começou a apresentar o trabalho de Ana, ela foi exposta a um número muito maior de clientes do que poderia alcançar sozinha. Atualmente, seu projeto de renda extra representa cerca de um terço de sua renda total. Ela voltou a trabalhar em marketing para pagar as contas restantes, mas tem o objetivo de inverter essa equação para que a renda extra traga pelo menos dois terços do que precisa para viver.

ENCONTRE OS VENCEDORES E FOQUE NELES

Depois de analisar os resultados iniciais e tomar algumas decisões sobre os próximos passos, você precisa voltar ao trabalho. O que você faz nesse momento decisivo pode representar uma enorme diferença no sucesso em longo prazo da sua renda extra.

Vamos supor que você decidiu, com base nos dados que analisou no último capítulo, continuar a ajustar e aperfeiçoar o projeto de renda extra atual. A próxima decisão que precisa tomar é: *o que* vai ajustar e *como* vai aperfeiçoar?

Muitas vezes, a resposta equivale à própria oferta. Por exemplo, se você colocou três itens à venda e um deles está indo muito melhor que os outros, é provável que você deva dedicar sua atenção a *aumentar ainda mais* as vendas do item mais vendido. Isso pode parecer contraintuitivo; talvez você caia na tentação de pensar que é melhor tentar fazer os outros produtos chegarem ao mesmo nível de vendas que o vencedor. Também tenho essa dificuldade e, ao escolher diferentes projetos, preciso me recordar com frequência de que "os vencedores levam tudo". Lembre-se de que você ofereceu três coisas às pessoas e elas deram preferência a uma. Por que gastar seu tempo limitado forçando outro produto?

Da mesma forma, se você tentou algo que não deu certo, não há problema em deixá-lo para lá — eliminar algumas coisas faz parte da jornada do empreendedor de renda extra. Tudo que é mediano é chato. Encontre os vencedores e concentre seus esforços neles.

O PODER DA ITERAÇÃO

Reavaliar e refinar são as grandes habilidades que garantem o sucesso da renda extra. Considere esta citação de Bill Gates: "As manchetes são enganosas. As más notícias viram manchete, já a melhora gradual, não". Monitorar, testar e refinar têm a ver com alcançar uma melhoria gradual. Ao aprimorar um negócio já existente, você pode não chamar muita atenção, mas é provável que ganhe mais dinheiro.

Iteração significa "o ato de repetir um processo", em geral com o objetivo de aperfeiçoar cada passo ao longo do caminho. À medida que você continua a desenvolver e aprimorar sua renda extra, siga estas duas regras básicas de iteração:

1. Insista naquilo que funciona.
2. Abandone o que não funciona e siga em frente.

Mais uma vez, para muitos, isso é contraintuitivo. É da natureza humana tentar consertar uma situação que não funciona ou acreditar que, ao insistir nela, o melhor acabará acontecendo. Muitas vezes, observo pessoas mais bem-sucedidas que eu para ver o que fazem de diferente. Depois de reconhecer minha inveja e escolher ser grato por tudo que tenho, tendo a notar algo que elas têm em comum. Pode não ter acontecido de imediato, mas, com o tempo, descobriram o que funciona melhor para elas... e então, insistem nisso, fazendo mais vezes aquilo que dá certo.

UMA HISTÓRIA PESSOAL CONSTRANGEDORA

Permitam que eu conte a vocês uma história pessoal muito constrangedora. Adoraria dizer que ela aconteceu com outra pessoa, mas infelizmente não foi o caso. Bem no início da minha carreira empreendedora, cometi um grande erro. Ouvi falar de uma oportunidade de negócios que prometia pagar grandes lucros, mas eu precisaria investir no mínimo dois mil dólares adiantados e esperar pelo menos três meses por algum retorno. Se parece uma má ideia, é porque era. Porém, na minha ingenuidade, provavelmente associada a uma certa ganância, não percebi a armadilha. Enviei um cheque de dois mil dólares, quantia muito alta para mim na época. Então esperei e esperei um pouco mais. Três meses depois, ainda não tinha visto um centavo. Mais três meses se passaram e comecei a receber cheques pelo correio, mas com quantias muito pequenas.

Levei mais de um ano para admitir a mim mesmo que tinha sido enganado. Além desses pequenos cheques, que no final totalizaram menos de 30 dólares, não vi mais nada do meu investimento original.

Ao recordar essa história, não me sinto bem ao pensar em tudo que aprendi desde então. Na verdade, ainda me sinto mal. Joguei fora uma grana que eu não tinha, numa época em que realmente não havia dinheiro sobrando. A única coisa que me alegra é que, embora tenha levado mais tempo do que deveria, por fim desisti de pensar obsessivamente nesse episódio e comecei a trabalhar em outros projetos. Se não o tivesse feito, teria continuado parado, esperando algo que, obviamente, não aconteceria.

Não cometa o erro que cometi. Se você está sentado esperando por um dia de pagamento que claramente nunca vai chegar, liberte-se e siga em frente.

FAÇA UMA AUDITORIA NO SEU PROJETO

No meu livro *Nasci para isso: Como encontrar o trabalho da sua vida*, escrevi sobre um exercício chamado Grana Extra, no qual você tira um dia por trimestre para focar no que pode fazer para ganhar mais dinheiro. Aqui trago uma versão atualizada voltada para projetos de renda extra.

Todo mês ou de dois em dois meses, dê um passo para trás e bata um papo consigo mesmo. Faça perguntas específicas, que não podem ser respondidas com apenas sim ou não, sobre como as coisas estão indo. Esses exemplos podem ajudar:

- O que está funcionando bem no negócio e como posso desenvolvê-lo ainda mais?
- Há algo neste empreendimento que eu possa automatizar ou terceirizar?
- O que eu poderia fazer para ganhar mais dinheiro sem gastar muito mais tempo?
- Consigo aumentar o preço das ofertas associadas a este negócio?

Após conduzir sua auditoria, estabeleça metas com base no que descobriu. Por exemplo, se determinar que há espaço para aumentar o preço, comece com um aumento de 5% e opte por reavaliar os resultados depois de algum tempo. A melhoria gradual pode não dar uma grande manchete, mas, em compensação, pode trazer um depósito bem interessante na sua conta bancária.

REAVALIE PARA VENCER

Algumas das melhores histórias que ouvi são de pessoas cuja primeira tentativa num projeto de renda extra não produziu resultados incríveis — e que, então, após uma reavaliação, ganharam muito mais força na tentativa seguinte. Essas pessoas não desistiram, pelo menos não de forma permanente. Sabiam que às vezes é preciso mais que uma tentativa para acertar. Também não ficaram sentadas esperando que o dinheiro caísse do céu (como fiz naquela minha história constrangedora). Em vez disso, elas se mexeram e empreenderam.

Mesmo quando se obtém sucesso imediato, o aprimoramento contínuo costuma torná-lo muito melhor. Estamos todos numa jornada, e é fazendo pequenos ajustes pelo caminho que se vence. Se algo que você já tentou começou bem, preste atenção e veja como melhorá-lo ainda mais. Estabeleça o objetivo de fazer *uma coisa* que aumente a receita do projeto atual. Da mesma forma, não tenha medo de abandonar pelo menos uma coisa que não esteja funcionando bem e colocar essa energia para melhorar aquilo que funciona.

DIA 25

PROCURE O DINHEIRO DEBAIXO DAS PEDRAS

Uma das formas mais fáceis de fazer um projeto de renda extra crescer é a expansão horizontal. Se tudo estiver indo bem, considere acrescentar outra versão para atender melhor seus clientes.

A primeira atividade paralela de Trevor Mountcastle não tinha nada a ver com ganhar dinheiro — ou, pelo menos, o dinheiro não era o objetivo. De dia, Trevor é um analista de programa sênior que presta serviços para o governo federal dos Estados Unidos. Nas horas de folga, ele é um ávido Passageiro Frequente e "*hacker* de viagem", sempre em busca de estratégias criativas para ganhar mais pontos e milhas. Há alguns anos, descobriu uma maneira de comprar cartões-presente num *site* e depois comprar itens eletrônicos em outro para revendê-los pelo mesmo valor. Pode parecer trabalho demais para lucro de menos, mas uma havia uma recompensa valiosa: os pontos e milhas do cartão de crédito que ganhava permitiram que ele e a esposa viajassem para mais de quarenta países, muitas vezes em primeira classe. Ele até levou o pai e o irmão numa viagem de volta ao mundo, visitando Dubai, Singapura e Sydney — tudo isso com as milhas.

Uma coisa engraçada aconteceu enquanto Trevor pensava no seu próximo *upgrade*: ele começou a ganhar dinheiro. Seu objetivo original era apenas manter em equilíbrio sua operação de arbitragem, vendendo os itens que comprou pelo mesmo preço ou quase. No entanto, à medida que aumentava o número de itens que comprava para revender, ele passou a entender quando poderia aumentar o preço das revendas.

Logo, além das milhas e pontos, também começou a obter um lucro interessante. Começou a expandir ainda mais sua operação, visitando lojas de varejo para comprar itens a granel e, em seguida, enviando-os para um armazém de onde seriam reenviados para quem os comprasse *online*. É um trabalho que envolve muito monitoramento e planilhas, mas Trevor acha divertido. As margens de lucro são, na maior parte, relativamente pequenas (mas, como vende muitos itens, o dinheiro é somado); contudo, de vez em quando, encontra algo que traz um bom rendimento de uma vez só.

No primeiro ano do negócio, ganhou cerca de cinco mil dólares. A cada ano esse número dobrava ou triplicava, a ponto de ele agora obter mais de cem mil dólares por ano apenas com esse projeto de renda extra. Ele ainda viaja, é claro, e como nunca toca na maior parte de seu estoque (todos os pedidos são enviados pela Amazon.com), o negócio continua indo de vento em popa — mesmo quando Trevor está a nove mil metros de altura, bebericando champanhe.

COMPRAR BARATO, VENDER CARO

No clássico jogo virtual *The Oregon Trail: os colonos*, uma carroça cheia de pioneiros parte de Independence, no Missouri, até as florestas da Costa Oeste. Ao longo do caminho, enfrentam inúmeros obstáculos: doenças, ataques de bandidos, adversidades ambientais. O objetivo do jogo é vencer os desafios e chegar a um povoado distante com o maior número possível de membros do grupo. Ao começar, você recebe uma pequena quantia que pode usar para comprar suprimentos como bois, roupas e munição para a caça. Ao longo do caminho, você tem a oportunidade de se reabastecer nas lojas e com vendedores itinerantes.

A maioria dos jogadores tenta racionar os suprimentos da melhor forma possível para que o dinheiro dure a viagem toda até o Vale do Willamette. O que muitos não percebem é que você pode comprar *e* vender dos comerciantes que encontra e, como é natural, o preço varia de um lugar para outro. Jogadores inteligentes seguirão os conselhos clássicos de investimentos em ações: compre barato, venda caro.

O projeto de renda extra de Trevor é um verdadeiro *Oregon Trail*. Ele tenta comprar barato e vender caro. Às vezes, ganha na loteria com uma grande margem de lucro. Em outros momentos, fica preso a um item que não revende — um risco inerente ao negócio. De qualquer forma, ao fazer testes constantes com estoques e preços, ele adiciona lucros consistentes de forma contínua, além de pontos e milhas que utiliza para viajar em grande estilo com a família.

UM PROJETO DE RENDA EXTRA É DIFERENTE DE OUTROS NEGÓCIOS

No início do livro, mencionei que as oportunidades de negócio estão em toda parte. Ao usar o poder de observação para identificar ideias e aplicar o conhecimento empresarial que adquiriu, você será capaz de criar projetos de renda extra com regularidade — ou apenas se concentrar em fazer o ajuste fino do seu primeiro negócio para ganhar ainda mais, como Trevor fez.

Há uma escola de pensamento que aconselha o empreendedor a concentrar-se em ganhar dinheiro de uma única fonte de receita ou apenas com ofertas alinhadas com o negócio principal. Essa "sabedoria" convencional é ensinada com frequência nas faculdades de administração, nos livros de negócios e no treinamento de executivos. Todavia, a mentalidade do "empreendedor de projetos de renda extra" é diferente, ou pelo menos deveria ser. Afinal, trata-se de um projeto paralelo a outro trabalho. Você não está tentando construir uma *startup* no Vale do Silício nem gerar lucro para um milhão de investidores; você está empreendendo para ganhar uma grana a mais.

Considere a *The Million Dollar Homepage*, lançada por um estudante universitário, que mencionei no Dia 21. A perspectiva tradicional de negócios argumentaria que tal ideia é um artifício, uma distração de algum negócio "real" que ele poderia estar construindo. É, evidentemente, um conselho terrível. Se, por acaso, você encontrar um milhão de dólares escondido debaixo de uma pedra, *bote no bolso*.

VAMOS REVIRAR ALGUMAS PEDRAS!

Para muitos negócios, é bem mais fácil vender mais para clientes atuais do que conquistar novos clientes. Contudo, a maioria dos proprietários de empresas (não apenas de renda extra, mas também empreendedores em tempo integral) visualiza o crescimento associado apenas à angariação de clientes. É um grande erro.

A maneira mais fácil de "revirar pedras" e vender mais aos clientes atuais é "remixar" sua oferta.

Para remixar, basta adicionar uma versão adicional ao que já está oferecendo. Talvez seja uma versão *premium* ou "avançada", um Volume II — ou algo completamente diferente. Se a sua atividade paralela é um serviço, o ideal é encontrar uma forma de oferecer outro serviço que complemente o primeiro. Se for um produto, você deve se perguntar que outros produtos relacionados ou complementares poderiam ser acrescentados.

Digamos que você é um professor de línguas que compilou um ótimo método para ajudar as pessoas a aperfeiçoar o espanhol. Seu método se chama "Domine o espanhol até às 16h". Nesse tipo de projeto de renda extra, há inúmeros, se não infinitos, produtos adicionais a serem vendidos. Você poderia:

- Oferecer o mesmo método numa língua totalmente nova ("Domine o francês até às 16h");
- Oferecer uma versão intermediária ou avançada do método ("Fale com fluência até o pôr do sol");
- Incentivar os clientes a adquirir também um "kit especial de vocabulário das 16h", que os ajude a aprender mais palavras em pouco tempo;
- Oferecer *coaching* individualizado para acompanhar o método comprovado;
- Oferecer o método num formato diferente do original (se o formato original era em áudio, fazer uma versão em vídeo; se o formato original era em *e-book*, produzir um curso).

O importante é que, assim que souber que as pessoas gostam do que está vendendo, não costuma ser difícil descobrir como expandir suas ofertas. Vejamos alguns exemplos de empreendedores de renda extra que mencionamos nos capítulos anteriores.

O Pedreiro de Ardósia. Andrew Church, na Pensilvânia, sempre foi bom em trabalhos manuais. Ele esculpiu o sobrenome em ardósia e o pendurou em casa, e as visitas comentavam com frequência como a obra era linda. Decidiu, então, esculpir o formato do estado da Pensilvânia em outro artigo artesanal, e dessa vez o colocou à venda no etsy. Como conseguiu vender várias peças em poucos dias, sabia que era um conceito viável. A ideia de expansão era óbvia: a Pensilvânia era apenas um dos cinquenta estados do país. Começou a trabalhar criando projetos para os outros 49 estados, e agora os vende por todo o país.[18]

---

18. Nesse caso, é mais do que uma metáfora: Andrew está literalmente encontrando dinheiro em pedra.

O Programador. Dan Khadem trabalhou como programador de banco de dados num hospital em Denver. Começou a dar aulas de Microsoft Access, um *software* poderoso (mas difícil de dominar), para estudantes e profissionais. As aulas particulares estavam dando certo e ele conseguia cobrar 55 dólares por hora, em várias sessões por semana. Também não havia dúvida de que alguns de seus alunos tinham necessidades adicionais mais complexas. Em alguns casos, as empresas para as quais trabalhavam demandavam um trabalho de banco de dados personalizado, que Dan assumiu — o que lhe permitiu aumentar suas tarifas para uma faixa entre 85 a 110 dólares por hora.

Esses exemplos podem fazer você pensar. Em quase todos os projetos de renda extra, há inúmeras oportunidades de ramificação que não exigem um esforço descomunal. Você já descobriu uma forma de ganhar dinheiro produzindo algo que as pessoas desejam. O que você pode fazer por elas *a seguir*?

A resposta a essa pergunta ajudará a pensar numa versão complementar ou num negócio parceiro para o projeto de renda extra.

OFEREÇA ALGUM TIPO DE ESCOLHA

Ao remixar sua oferta, você também está oferecendo uma escolha. Isso pode ser bom *ou* ruim. Se oferecer opções *demais*, o cliente ficará confuso e sobrecarregado. No entanto, oferecer *algumas* opções é, em geral, inteligente.

Além de oferecer opções, dar às pessoas uma escolha é também uma tática de marketing — uma tática maligna ou genial, ou talvez genial e maligna, dependendo da sua perspectiva. Quando alguém experiente em marketing apresenta uma escolha, tenta fazê-lo de forma que seja difícil dizer não:

"Débito ou crédito?"

"À vista ou parcelado?"

"Qual versão você gostaria de comprar?"

Repare que em nenhum desses cenários há uma opção fácil para dizer "Não, obrigado".

Para ser justo, algumas perguntas podem ser um pouco forçadas — você realmente *não* vai querer que as pessoas comprem algo por pressão indevida. Elas não ficarão satisfeitas no final e talvez você não durma bem à noite. Mesmo assim, nem sempre esse tipo de marketing é ruim. A realidade é que as pessoas querem, pelo menos, alguma escolha. Dê a elas o que elas querem!

Se Trevor tivesse ficado preso à revenda como *hobby*, não estaria ganhando dinheiro agora. Assim que percebeu que poderia lucrar com suas tentativas de arbitragem, investiu mais tempo e energia para encontrar cada vez mais oportunidades e comprar cada vez mais produtos para revender. É claro que, embora agora esteja ganhando "dinheiro de verdade", ele ainda recebe o benefício original de todos esses pontos e milhas. Ele voltou há pouco de mais uma viagem pelo mundo — na primeira classe, é claro. E, durante todo o tempo em que pairava no ar, continuava recebendo novos depósitos em sua conta bancária.

DIA 26

TIRE ISSO DA CABEÇA

> *Toda empresa tem sistemas. Como empreendedor de renda extra, é provável que os seus estejam armazenados na sua cabeça, o que nem sempre é inteligente. Para fazer melhorias significativas (e economizar tempo) à medida que expande seu negócio, sistematize o que puder.*

Vários projetos competiam pela atenção de Adam White. Havia o emprego como diretor de marketing digital de uma empresa de ônibus fretado. Havia o filme em que trabalhava à noite e nos fins de semana e o romance infantojuvenil que tentava escrever toda manhã antes de ir para o escritório. A essa altura, você já sabe como isso funciona: pessoas ocupadas são boas em projetos de renda extra porque sabem como fazer valer seu tempo.

Como parte do trabalho oficial, Adam passava muito tempo fazendo promoções por meio de posts convidados em blogs de negócios. O processo era demorado; era difícil manter e atualizar todos os posts. Alguns blogs aceitavam posts convidados, outros não. Os que aceitavam costumavam exigir que certos requisitos fossem seguidos, que nem sempre eram consistentes. Então, depois de publicar um post, Adam tinha que se lembrar de fazer um *follow-up* se não tivesse retorno dentro de um prazo razoável. Do ponto de vista do processo, era um pesadelo.

Ele começou a compilar notas detalhadas em todos os blogs que aceitavam os posts, bem como um sistema para monitorar os envios (lembre-se da clássica lição do projeto renda extra: se aquilo de que você precisa não existe, invente). Antes que percebesse, já tinha um banco de dados de informações em centenas de blogs cobrindo muitas categorias diferentes. Assim nasceu a ideia: por que não oferecer seu "Rastreador de Posts Convidados" a outros autores com o mesmo problema?

Depois de montar uma página de vendas simples, Adam pediu a um amigo que escrevesse sobre o rastreador num fórum de negócios *online*. De imediato, mais de dez pessoas se inscreveram, pagando uma taxa de 49 dólares. Antes do final daquela semana, outros dez pagamentos haviam sido feitos. Adam tinha outro projeto paralelo!

O interessante dessa empreitada de renda extra é que, em essência, ela se promove sozinha. Para fazer o marketing de negócio, Adam só precisa escrever pequenos posts convidados... sobre posts convidados. Cada post costuma desencadear, de imediato, um novo lote de clientes, assim como um fluxo contínuo de futuros clientes que leem o post mais tarde.

Noventa dias depois, o Rastreador de Posts Convidados rendia mil dólares por mês. Ao sistematizar ainda mais o processo e testar várias vezes a fim de melhorar a conversão, usando o mesmo tipo de teste A/B que descrevi no Dia 20, em pouco tempo, o negócio rendia até dois mil dólares por mês. Seis semanas após a nossa primeira conversa, Adam me respondeu dizendo que esse tipo de trabalho de processamento o ajudou ainda mais: o *site* rendia agora até três mil dólares por mês.

O maior desafio para Adam, assim como para muitos empreendedores de renda extra, é o tempo. Com o trabalho de marketing digital, o filme e o romance que está escrevendo, o negócio do post convidado fica em segundo plano. Ainda assim, como o Rastreador de Posts Convidados poupa muito tempo em seu trabalho diário, ele consegue vender essa dádiva que é o tempo extra a terceiros.

ANOTE TUDO QUE VOCÊ FAZ

O negócio de Adam funcionou porque foi uma grande ideia, mas ele fez com que funcionasse muito *melhor* quando aplicou uma abordagem baseada em sistemas e orientada por processos. Quando se trata de projetos de renda extra, "sistemas" não significam *softwares* sofisticados de TI ou servidores de rede caros; referem-se apenas a todos os procedimentos que permitem atender clientes ou ganhar dinheiro.

Em algum momento de sua jornada, os empreendedores de renda extra de longa data aprendem uma lição importante: você pode fazer algo várias vezes ou apenas uma vez. Eles também costumam descobrir que documentar o próprio fluxo de trabalho não é algo que aconteça de forma natural. Para falar a verdade, a maioria das pessoas não quer fazer isso — como é um problema futuro, esperam até que seja necessário. Entretanto, se quiser crescer ou apenas economizar tempo, considere documentar o processo logo no início. Isso libertará você dos detalhes banais do dia a dia. Evitará o gerenciamento a partir dos e-mails. Facilitará a vida e, de quebra, permitirá que você ganhe mais dinheiro.

FAÇA FLUXOS DE TRABALHO PARA OS PROCESSOS REPETIDOS

Uma das melhores maneiras de documentar seus sistemas é criar mais fluxos de trabalho, um conceito que analisamos no Dia 15. Lembre-se de que um fluxo de trabalho consiste em qualquer sequência de processos que mostre exatamente o que precisa acontecer para alcançar determinado resultado. Você aprendeu a listar cada passo necessário para desenvolver uma ideia. Esses fluxos de trabalho, por sua vez, são indicados para as operações atuais. Eles podem ajudar a resolver problemas, melhorar a eficiência e tornam muito mais fácil terceirizar ou obter auxílio em determinadas partes do seu projeto, à medida que ele cresce ou que você o expande para outras frentes.

Os dois fluxos de trabalho mais importantes para a maioria dos projetos de renda extra são os de *vendas* e os de *serviços*. A ideia é que você documente como vende e como os clientes recebem o que compram.

O fluxo de vendas de Adam era bastante simples. Ele construiu um *site* básico descrevendo o serviço de rastreamento de posts convidados e fez duas versões da página de *checkout* para testar qual delas teria a melhor conversão. Para atrair visitantes ao *site*, escreveu posts convidados em diferentes blogs. Também apresentou o produto a outras mídias que cobriam o segmento de negócios. E foi basicamente isso. Não tinha estratégia de marketing sofisticada nem funcionários, e as despesas eram extremamente baixas. Era algo assim:

O fluxo de trabalho também era simples. Ele só precisava garantir que os clientes tivessem acesso ao programa de rastreamento, que o produto funcionasse e fosse atualizado com regularidade, para refletir novos blogs e mudanças nas normas. Havia um ou outro pedido ocasional de atendimento ao cliente ou de reembolso, mas que demandavam muito pouco tempo. O processo era semelhante ao ilustrado no esquema a seguir:

Adam não precisa dos meus conselhos, mas digamos que ele leu a lição de ontem e decidiu criar uma versão diferente do Rastreador de Posts Convidados. A versão atual é um produto. As pessoas fazem um pagamento e recebem acesso a algo feito por Adam, contendo muitas informações. É bem provável que muitas dessas informações sejam relevantes para os clientes e outras não. Agora, digamos que a nova e diferente versão do Rastreador de Posts Convidados seja um serviço. Ainda é possível adquirir a versão básica por 49 dólares, mas quem quiser uma versão personalizada, com uma sessão de consultoria com o Adam com duração de uma hora (por telefone), poderá comprá-la por 199 dólares.

Essa versão atualizada requer um novo fluxo de trabalho, já que, agora, Adam precisa criar rastreamentos personalizados, agendar chamadas e aconselhar os clientes. Esse fluxo de trabalho ainda é bastante simples, mas observe os seus novos elementos:

Para fluxos de trabalho como esse, em que é necessário agendar chamadas ou outras reuniões com clientes, é muito importante ser claro em todos os detalhes. Considere a lista a seguir como um exemplo de subfluxo de trabalho que se concentra em algo ainda mais específico, como a programação:

- Como as chamadas serão agendadas?
- Quando serão agendadas?
- Qual será a frequência das chamadas — só uma vez, mais de uma vez ou sempre que o cliente precisar?
- Qual será a agenda das chamadas?
- Que tipo de trabalho de preparação será necessário fazer antes da chamada?
- Que tipo de trabalho de acompanhamento você precisará fazer após a chamada?

Se essa lista parecer uma chatice, lembre que, se alguma coisa der errado, mesmo numa pequena parte do fluxo de trabalho, seu projeto de renda extra poderá vacilar de várias formas. Os clientes podem ficar frustrados, os clientes potenciais podem não ser convencidos a comprar e você pode ter dificuldades para continuar. Dedicar um tempo para documentar seus sistemas e melhorar os fluxos de trabalho será, quase sempre, menos chato que controlar os danos caso algo dê errado.

INTEGRAÇÃO DE CLIENTES

Outro fluxo de trabalho importante está inteiramente focado em receber e orientar novos clientes. É a chamada integração de clientes (em inglês, *onboarding*), e trata-se de ajudar os compradores a se familiarizarem com o que acabaram de comprar. Assim como no fluxo de trabalho do serviço, a criação de um processo adequado de integração ajuda a evitar frustrações, tanto as suas como as dos consumidores. O objetivo é criar uma jornada feliz e tranquilizadora para o seu cliente — e ajudá-lo a experimentar o melhor que o produto ou serviço tem a oferecer. Uma melhor integração cria maior retenção, repetição de negócios e indicações.

A integração pode ser feita de várias maneiras. Uma das mais simples e comuns se dá por meio de uma sequência de e-mails que os clientes recebem ao se inscreverem. Quando você compra algo *online*, quase sempre recebe uma mensagem de confirmação com um recibo. Entretanto, na maioria das vezes, não termina por aí. Nos próximos dias ou semanas, é normal receber uma série de mensagens pensadas para ajudar você a se familiarizar com o produto ou serviço e para responder a quaisquer perguntas que possa ter.

Há muitos formatos diferentes para uma sequência de e-mails de integração. A sua sequência poderia ser como a seguinte:

> MENSAGEM 1, enviada logo após a compra: "Bem-vindo, novo cliente!"
>
> MENSAGEM 2, enviada no dia seguinte: "Assista a este vídeo para conhecer os elementos mais importantes do seu novo serviço".
>
> MENSAGEM 3, enviada três dias depois: "Estes recursos avançados vão facilitar sua vida".
>
> MENSAGEM 4, enviada uma semana depois: "Ei, está tudo bem? Tudo funcionando? Alguma dúvida?"[19]

É claro que as sequências de integração serão diferentes dependendo da natureza ou complexidade do produto ou serviço, na medida em que alguns exigem mais detalhes e orientações que outros. No entanto, lembre-se de que o objetivo principal é tornar o processo tão agradável e consistente quanto possível para o comprador.

---

19. Mais informações sobre essa sequência, incluindo um script completo com dez mensagens, está disponível (em inglês) em SideHustleSchool.com.

FERRAMENTAS PARA APRIMORAR O PROJETO

Os empreendimentos de renda extra que se transformam em pequenos negócios prósperos acabam por necessitar de ferramentas específicas. Você pode não precisar de todas no início — lembre-se, no começo, o simples é o melhor — mas é bom se familiarizar com elas, para saber o que procurar quando for necessário.

GESTÃO DE CONTATOS. Mais conhecido como CRM ou gestão de relacionamento com o cliente, este *software* ajuda a controlar um grande número de pessoas. É particularmente importante se você vende itens ou serviços caros para contatos específicos, com os quais constrói um relacionamento ao longo do tempo. Não é tão importante se vender muitos itens ou serviços a qualquer um.

Exemplos: HubSpot, Salesforce, Microsoft Dynamics

GESTÃO DE PROJETOS. Caso você trabalhe em conjunto com um designer, *web developer*, assistente ou qualquer outra pessoa, é ótimo ter um espaço de trabalho *online* compartilhado onde seja possível monitorar o status de diferentes tarefas.

Exemplos: Trello, Asana, Basecamp

CONTABILIDADE. No início, é provável que você cuide da contabilidade sozinho. Todavia, independentemente de contratar alguém ou continuar no esquema Faça Você Mesmo, precisará monitorar despesas e receitas. Você pode se virar com uma planilha simples, mas o *software* será de grande ajuda na hora de fazer a sua declaração de imposto de renda.

Exemplos: Wave Accounting, FreshBooks, QuickBooks

GRAVADOR DE SENHAS. Todos sabemos que não se deve usar a mesma senha mais de uma vez, ou pelo menos não para tudo. Contudo, hoje em dia, tem login até para ligar a cafeteira de manhã. Como lembrar tantas senhas? A resposta simples é: não dá. Basta se registrar num sistema que gere senhas seguras e as armazene, para que não precise decorá-las.

Exemplos: LastPass, RoboForm, Dashlane

Adam White, o empreendedor em série, tinha identificado corretamente a necessidade de um sistema que o ajudasse a compilar informações nos diversos blogs em que apresentava seu produto. Então, usou seu talento em projetos de renda extra para obter um lucro rápido com esse sistema. O verdadeiro sucesso, no entanto, chegou quando ele aplicou sua habilidade em sistematização e testes A/B para racionalizar seus fluxos de trabalho. Três mil dólares por mês é muito mais que mil dólares mensais — e a diferença estava em trabalhar com inteligência, não apenas trabalhar duro. Agora, só faltava escrever aquele romance infantojuvenil.

DIA 27

DE VOLTA PARA O FUTURO

Você chegou ao fim do caminho... ou será o começo?
Projetos de renda extra criam oportunidades e liberdade.
Uma vez ativadas, as opções são ilimitadas.

Bob Bentz é um grande fã de beisebol. Sempre que pode, assiste aos jogos do Phillies em seu estádio de beisebol favorito na Filadélfia. A família também herdou esse amor pelo esporte; os filhos são jogadores ativos em times locais, mesmo depois de adultos. Durante muitos anos, o único obstáculo era Barb, a esposa de Bob. Não é que ela *não gostasse* do esporte, mas estava mais interessada nos aspectos sociais, como conversar com as pessoas e torcer pela equipe.

Um dia, Barb foi ao jogo vestindo um suéter que ela mesmo havia tricotado. Era branco com bordado vermelho e lembrava uma bola de beisebol. Antes mesmo de saírem do estacionamento para ocupar seus lugares nas arquibancadas, pelo menos dez mulheres se aproximaram dela para perguntar sobre o agasalho. Várias disseram que queriam um igual — onde poderiam comprá-lo?

Assim nasceu o projeto de renda extra Ballpark Sweaters. Havia uma clara demanda e, com a presença constante de Bob no estádio (junto com Barb, agora mais entusiasmada), eles tinham um mercado instantâneo à disposição, apenas esperando para ser atendido.

O mundo dos projetos de renda extra não era desconhecido para Bob, que já havia iniciado uma série de *sites* relacionados a Fantasy Games[20] e até mesmo apresentado um programa semanal de quinze minutos na rádio ESPN. Ele também trabalhava com um assistente virtual de Bangladesh, o que era conveniente — para tornar essa empreitada lucrativa, ele sabia que precisaria terceirizar a produção para manter os custos de fabricação baixos.

Começaram com uma encomenda de duzentos casacos, que parecia uma quantidade razoável. Demorou seis semanas, mas um contêiner de casacos de beisebol vindos da China, onde o assistente mandou confeccioná-los, foi entregue na porta deles. Fizeram a primeira — e a segunda — venda já no jogo seguinte, quando Barb vestiu o novo modelo.

Em apenas 45 dias, aquele pedido inicial já tinha se esgotado e eles encomendaram outro, fazendo alguns ajustes com base no que aprenderam com o primeiro lote. Hoje em dia, a empreitada é um sucesso, com vendas consistentes e marketing mínimo. A melhor parte é que não se trata apenas de um negócio; é também *diversão*.

Na nossa troca de e-mails, Bob mencionou que o Ballpark Sweaters melhorou a vida da família de várias formas. Além do dinheiro extra, que é ótimo, o negócio também proporcionou a Bob e Barb um projeto no qual trabalhavam juntos. A Ballpark Barb cuida do design de produto e da administração, enquanto o Ballpark Bob cuida do marketing. Há dois outros benefícios importantes. Primeiro, Barb está muito mais interessada em assistir aos jogos, agora que tem um incentivo financeiro. Em segundo lugar, todas as noites em que vão ao estádio, eles vendem pelo menos um suéter, que paga a conta da cerveja.

---

20. "Fantasy Game" é um jogo *online* no qual os participantes escalam equipes virtuais ou imaginárias formadas por jogadores reais de algum esporte profissional, que competem com base no desempenho dos jogadores nas partidas reais (N. da T.).

QUAL É O PRÓXIMO PASSO? VOCÊ DECIDE.

Assim como os suéteres, as rendas extras não têm tamanho único. Você pode empreender do seu jeito, de acordo com as próprias condições. Se mudar de ideia em relação a algo à medida que for avançando, tudo bem.

Se você seguiu o plano da renda extra desde o início deste livro, olhe para trás e decida o que vai acontecer a seguir. Você quer continuar construindo essa renda extra à noite e nos fins de semana de folga? Está indo tão bem que quer considerar "ir com tudo" e, por fim, largar seu emprego para se lançar por conta própria?

Ao considerar as escolhas, lembre-se das histórias que leu neste livro. Em diferentes momentos da vida, as pessoas tomaram decisões diversas com base nas suas próprias necessidades e preferências. Alguns empreendedores "foram com tudo" nos seus projetos. Jake Posko (Dia 9) começou a dar as "aulas de violão mais iradas do universo" para escapar do emprego na universidade. O que começou para gerar renda extra virou seu emprego, com uma diferença-chave: é ele quem toma todas as decisões.

Para outros, o projeto de renda extra cresceu a tal ponto que proporcionou rendimento em tempo integral — mas, como gostavam de seu trabalho oficial, mantiveram as duas atividades em simultâneo. O negócio de balas em formato de coração de Sarah Hannington (Dia 11) rende mais de 100 mil dólares durante a época agitada do Dia dos Namorados. Como no resto do ano a atividade é muito mais lenta, Sarah pode continuar como executiva de marketing de uma grande empresa, um trabalho que ela adora.

Muitos empreendedores de renda extra utilizam seus projetos apenas como forma de complementar seus ganhos quando o tempo permite. Oliver Asis (Dia 16), o funcionário do governo que virou fotógrafo de casamentos em meio período após postar um anúncio na Craigslist, continua trabalhando das 9h às 17h para o estado da Califórnia. Uma vez por mês, fotografa um casamento, o que lhe rende pelo menos 3.500 dólares.

Não importa o que você decida, a beleza do projeto de renda extra como plano B está em oferecer mais opções. Por exemplo, quando o empregador de Andrew Church solicitou que ele deixasse sua casa na Pensilvânia e se mudasse para Chicago, Andrew foi confrontado com uma decisão difícil. Não queria se deslocar e mudar toda sua vida, mas como poderia dizer não? Graças à atividade paralela, a renda era suficiente para que não se preocupasse tanto com uma eventual perda de emprego. Ele respondeu ao seu chefe, respeitosamente, recusando o pedido. "Sem esse projeto, eu não teria me sentido tão confiante ao tomar essa decisão", Andrew me disse.

Outros construíram projetos de renda extra para que funcionassem sem eles e, a seguir, partiram para outras coisas, como Tim Aton (Dia 23), que projetou uma série de modelos de currículo. Na nossa última conversa, os currículos estavam rendendo 450 dólares por mês; ele tinha partido para novos projetos, mas a empreitada continuava botando dinheiro em seu bolso.

Para outros, ter um projeto de renda extra ajudou de diferentes maneiras, por exemplo, oferecendo segurança durante um período de transição de vida. Depois de vender seu restaurante, Julie Wilder (Dia 18) continuou a construir seu negócio de calendários astrológicos, com o objetivo de ser bem-sucedida numa carreira nova, tornando-se líder de mercado em algo totalmente diferente — e alcançando muito mais gente. Os recém-casados David e Praj (Dia 10) usaram seu negócio para criar um bem social, importando xales de caxemira nepaleses e investindo na educação de crianças.

É isso que acontece com um bom projeto de renda extra. Ele pode ajudar a sustentar sua vida, mas não precisa ser toda a sua vida. Na verdade, graças ao projeto que construíram, a maioria dos empreendedores de renda extra pode aproveitar *melhor* a própria vida.

Lembre-se sempre de que um projeto de renda extra é diferente de uma *startup* ou de outros negócios. Você não precisa ouvir conselhos de especialistas ou seguir a sabedoria convencional. Não precisa "escalar". Não precisa contratar funcionários ou assistentes, virtuais ou não. Não há um único "caminho certo".

Há apenas o caminho certo *para você*.

No Dia 10, falei sobre histórias de origem e a importância de ter uma razão para seu projeto de renda extra. Já que você chegou até aqui, esta é a *minha* história de origem, pelo menos no que diz respeito a este livro. Trabalhei como autônomo durante toda a minha vida adulta. Desde que me lembro, a liberdade é um dos meus maiores valores. Sinto-me muito privilegiado por ter encontrado um modo de vida que me permita escrever, viajar e buscar trabalhos que considero significativos. O que me motiva é iniciar projetos com o potencial de ajudar os outros a encontrar um estilo de vida semelhante, mesmo que visualizem para si mesmos algo diferente do meu jeito seminômade de ser.

Antes de começar a escrever estas páginas, dediquei muito tempo pensando em duas pessoas: April e Parker. Você já sabe um pouco sobre eles — April é a designer que mencionei no início do livro, que queria começar uma atividade paralela sem largar seu trabalho e se decepcionou com o curso de administração de uma faculdade local. Parker é o gerente de TI que obteve um lucro de oito mil dólares a partir de um microfone de cem dólares.

Para mim, essas duas pessoas representam a oportunidade que aguarda quem envereda pelo caminho do projeto renda extra. Parker era um empreendedor de renda extra exemplar, o tipo de pessoa cuja história eu queria ouvir várias vezes. Os oito mil dólares que obteve em seu primeiro ano tiveram um impacto positivo imediato em sua vida. April tinha a visão correta e a ética de trabalho, e eu não tinha dúvidas de que ela poderia se juntar a pessoas como Parker. Só precisava de alguma orientação.

Com essas duas pessoas em mente, decidi ir com tudo. Lancei um *podcast, Side Hustle School*, e me comprometi a gravar um episódio todos os dias (sem dias de folga!) por pelo menos um ano. No programa, conto histórias de pessoas como as que figuram neste livro. Minha missão é mostrar que *qualquer um* pode aumentar as oportunidades para si mesmo criando outra fonte de renda e, assim, gerando mais liberdade e mais capacidade de escolha.

Quanto mais exploro o mundo do empreendedorismo de renda extra, mais o considero inspirador. Se eu for capaz de ajudar você com o seu projeto de renda extra, vou me sentir como um super-herói de uma liga inferior, mesmo sem conseguir voar ou pular de arranha-céus. No entanto, não ficarei com os louros — sei que todo o trabalho terá sido feito por você.

A economia de projetos de renda extra chegou para ficar. É uma revolução social que pode melhorar nosso bem-estar coletivo e ampliar nossa abordagem cultural do trabalho. Segurança, renda extra, confiança e diversão são alguns dos benefícios de um projeto como esse. Quando você começa logo e mantém os custos baixos, os riscos são mínimos.

E aí, qual será a sua história?

SEMANA 5 — RECAPITULANDO!

O livro está quase no fim, mas o capítulo em que você figura está apenas começando. Assim que começar sua renda extra, esse será o seu modo de vida por um longo tempo. Continue a aprender, a experimentar e a melhorar. Os próximos passos são seus!

PONTOS-CHAVE

- Não se preocupe em monitorar tudo, mas escolha duas ou três métricas nas quais prestar atenção.
- Iteração é o verdadeiro caminho para vencer. Se não tiver sucesso no início, tente outra coisa.

- Faça uma auditoria no seu projeto de renda extra para verificar onde pode ganhar mais dinheiro, economizar tempo, ou ambos.

SEMANA 5: REAVALIE E REFINE

Dia 23: Monitore seu progresso e defina os próximos passos

Dia 24: Invista no que dá certo, abandone o que não funciona

Dia 25: Procure o dinheiro debaixo das pedras

Dia 26: Tire isso da cabeça

Dia 27: De volta para o futuro

O QUE MAIS VOCÊ PODE PRECISAR

O livro tem a intenção de ser abrangente e oferecer a você tudo que é preciso para começar. Ainda assim, há sempre mais a aprender. Os recursos a seguir podem ajudar.

Projetos renda extra para iniciantes: guias rápidos para vários projetos de renda extra populares discutidos no livro;

Valide uma ideia com 50 reais e uma conta no Facebook: como usar os anúncios do Facebook para obter *feedback* imediato;

Escreva uma carta para seu cliente ideal: um modelo para saber mais sobre seu mercado alvo;

Compre um imóvel para alugar com uma entrada de US$ 1.575: uma cartilha rápida da minha especialista em negócios imobiliários;

Recursos e materiais gratuitos: vários recursos e referências.

ANEXO 1

PROJETOS RENDA EXTRA PARA INICIANTES

COLOQUE SEU SOFÁ OU QUARTO DE HÓSPEDES NO AIRBNB![21]

Com mais de um milhão de ofertas de acomodação, o Airbnb mudou a forma como as pessoas viajam no mundo todo. Ao mesmo tempo, também abriu uma mina de ouro de oportunidades para quem deseja uma renda extra. Se você tiver qualquer tipo de espaço onde um estranho possa dormir, poderá anunciá-lo — e ganhar dinheiro com ele — no *site*. Estudantes criativos alugaram seus quartos nas férias semestrais. Inquilinos alugaram apartamentos extra para sublocar por noite, embolsando a diferença entre o que ganhavam com as taxas noturnas e o que pagavam no aluguel mensal. Proprietários construíram pequenos chalés em seus quintais para abrigar hóspedes. Resumindo, não é preciso ser um barão do mercado imobiliário para lucrar com o Airbnb. A lista a seguir reúne tudo o que você precisa saber para começar:

MODELO DE NEGÓCIO: Alugue sua casa (ou parte dela) a um visitante. O processo é seguro porque as identidades de ambas as partes são verificadas e um sistema de avaliação mútua incentiva o comportamento responsável.

---

21. Leia as regras e regulamentos da sua área antes de anunciar. Algumas cidades são melhores que outras para esta prática.

Por Quê: Um enorme mercado de pessoas está pesquisando ativamente os anúncios do Airbnb todos os dias, e o negócio é muito fácil de aprender.

Custo Médio de Inicialização: Variável.

Facilidade de Inicialização: Baixa.

Potencial em Longo Prazo: Médio.

Habilidades Necessárias: Atendimento ao cliente (tempo de resposta rápido é importante). Postar fotos excelentes do seu espaço de aluguel também faz uma grande diferença no valor médio das tarifas; portanto, se não for um fotógrafo, recrute um amigo para ajudar a criar o anúncio inicial.

Vantagens: Uma fonte de renda pronta para ser usada. Uma vez que esteja em funcionamento, suas responsabilidades consistem em responder a perguntas, receber hóspedes e lidar com eventuais problemas.

Desvantagens: Se algo der errado, cabe a você corrigi-lo.

Fluxo de Trabalho:

1. Prepare seu espaço de locação (apartamento, quarto de hóspedes, espaço para acampar...)
2. Crie uma conta no Airbnb e faça um anúncio básico.
3. Dê vida ao seu anúncio com fotos bonitas e uma descrição animada.
4. Defina taxas iniciais relativamente baixas para garantir reservas rápidas.
5. Certifique-se de que tudo corra bem nas primeiras estadias (o ideal é obter primeiras avaliações muito positivas).
6. Melhore seu anúncio, faça ajustes e aumente as taxas depois de pegar o jeito.
7. Crie um processo para responder às perguntas e dar as boas-vindas aos convidados. É só isso!

CRIE UMA LOJA *POP-UP*

Há pouco tempo, quando estive no Kuwait, circulei numa feira de rua constituída inteiramente de vitrines temporárias. Eram as lojas *pop-up*, que surgiam no mundo todo. Existem dois tipos principais de lojas *pop-up*: aquelas organizadas por determinado festival ou local existente (por exemplo, um shopping center) e aquelas organizadas de forma independente. A menos que você se sinta confiante de que pode atrair visitas suficientes por conta própria, pode ser mais fácil começar logo num local já existente.

Se não tiver certeza de que esse tipo de negócio é o mais adequado para você, considere estas noções básicas.

MODELO DE NEGÓCIO: Venda direta e venda imediata. Construir relações com os clientes.

POR QUÊ: As lojas *pop-up* podem ser divertidas, e há um elemento de urgência para o cliente: se não comprar agora, a loja não estará aqui amanhã.

CUSTO MÉDIO DE INICIALIZAÇÃO: Baixo a médio.

FACILIDADE DE INICIALIZAÇÃO: Média.

POTENCIAL EM LONGO PRAZO: Variável.

HABILIDADES NECESSÁRIAS: Ser extrovertido, engajar transeuntes e *vender*.

VANTAGENS: Você obterá *feedback* imediato do mercado.

DESVANTAGENS: Negócio não virtual (ou seja, você precisa de uma loja), não escala e seu sucesso é determinado, em grande parte, pelo tráfego de pedestres.

FLUXO DE TRABALHO:

1. Decida se seu produto ou serviço funcionaria bem num formato *pop-up*. Acessórios de moda e cadeiras de massagens são ótimos; vender casas, não.

2. Encontre um local e horário. Mais uma vez, se você é novo nisso, é melhor se juntar a um evento já existente.

3. Projete cada elemento de sua loja, incluindo sinalização e qualquer material promocional (a boa promoção da marca contribui muito para as lojas *pop-up*).

4. Reflita e configure seu sistema de pagamento, que pode ser tão simples quanto um tablet ou telefone equipado com um leitor de cartões.

5. Contrate pelo menos uma pessoa para ajudar. Não perca uma venda por ter ido ao banheiro.

6. *Importante*: os clientes de lojas *pop-up* adoram uma boa promoção, portanto nunca abra uma loja sem algum tipo de oferta.[22]

7. Tenha algo especial para as pessoas que *não* compram. Que tal oferecer 15% de desconto para quem entrar no seu *site* e fizer uma compra até 48 horas após a visita?

8. É provável que você aprenda muito com sua primeira experiência *pop-up* — por isso, se não ganhar muito, não desista até ter efetuado mudanças com base nesses aprendizados e tentar mais uma vez.

CRIE E VENDA SEUS CONHECIMENTOS

Você sabe como fazer algo que outras pessoas desejam fazer? Seja construindo uma casa em miniatura, criando os próprios desenhos artísticos para unhas, reprogramando o som do carro ou o que for, você pode embrulhar o seu conhecimento especializado num projeto detalhado para que outras pessoas possam comprá-lo. O plano não precisa ser apenas escrito: você também pode oferecer vídeo, áudio ou algum

---

22. Lembre-se de que as palavras *promoção*, *desconto*, *oferta especial* e similares podem induzir a compra, mesmo que o preço seja quase o mesmo de sempre. Clientes adoram promoções!

outro meio de ensino. Uma vez concluído, seu plano tem o potencial de se tornar um ativo em longo prazo, rendendo dinheiro enquanto o tópico for relevante e enquanto as pessoas estiverem dispostas a pagar para aprendê-lo.

MODELO DE NEGÓCIO: Crie um guia passo a passo que mostre aos clientes como fazer algo.

POR QUÊ: As pessoas querem aprender, e pagarão pelos materiais certos.

CUSTO MÉDIO DE INICIALIZAÇÃO: Baixo.

FACILIDADE DE INICIALIZAÇÃO: Baixa.

POTENCIAL EM LONGO PRAZO: Variável.

HABILIDADES NECESSÁRIAS: Didática, raciocínio lógico e marketing (quando o plano estiver escrito, você precisará divulgá-lo).

VANTAGENS: Potencial para uma verdadeira renda passiva.

DESVANTAGENS: Potencial de resistência do consumidor; pode ser difícil competir com materiais livres.

FLUXO DE TRABALHO:

1. Identifique um tópico para o seu projeto. Quanto mais específico, melhor.
2. Escreva os principais desafios que outros enfrentam ao tentar abordar esse tópico por conta própria.
3. Anote cada etapa que as pessoas precisam completar para seguir o plano até o sucesso.
4. Obtenha *feedback* sobre o plano, mostrando-o a pessoas interessadas. Pergunte quais são suas dúvidas adicionais e que partes precisam de mais esclarecimentos.
5. Assim que seu plano estiver quase finalizado, escreva uma apresentação forte para ele, focando nos benefícios que os clientes obterão ao comprá-lo e segui-lo (por exemplo, "Você

economizará tempo e dinheiro ao saber que tipo de madeira comprar para a sua casa na árvore").

6. Coloque o plano à venda na plataforma de mercado de sua escolha: em polos *online* coletivos, como eBay ou Craigslist, ou direto do seu próprio *site*.
7. Contate os primeiros clientes para certificar-se de que o processo de compra ocorreu sem problemas.
8. Depois de fazer as correções necessárias, sente-se e junte dinheiro.

VENDA DE FOTOGRAFIAS PARA BANCOS DE IMAGENS

Se você tiver um olhar atento atrás da câmera, pode ser capaz de monetizar as imagens capturadas — pelo menos, se capturar as imagens certas. Sites de bancos de imagens listam milhares de fotos e outras imagens para licenciamento. Eles obtêm essas fotos de uma grande variedade de fotógrafos amadores e profissionais, que recebem uma parte da taxa cada vez que alguém faz *download* do trabalho deles. É uma área difícil, porque muitas pessoas querem fazer parte dela, mas se você conseguir achar um ângulo original, ele pode se desenvolver e virar uma ótima renda extra.

MODELO DE NEGÓCIO: Tire fotos e carregue-as em *sites* de bancos de imagens.

POR QUÊ: As empresas têm uma necessidade constante de boas imagens, e estão dispostas a pagar pelas certas.

CUSTO MÉDIO DE INICIALIZAÇÃO: Baixo (zero, se você já tiver uma boa máquina fotográfica).

FACILIDADE DE INICIALIZAÇÃO: Média.

POTENCIAL EM LONGO PRAZO: Médio.

HABILIDADES NECESSÁRIAS: Fotografia, atenção aos detalhes.

VANTAGENS: Potencial de renda passiva.

Desvantagens: Muita competição, dificuldade de se destacar.
Fluxo de Trabalho:

1. Pesquise os *sites* de bancos de imagens mais populares, que permitem o *upload* de imagens para licenciamento. Cada um tem seus pontos fortes e fracos, e a maioria tende a se especializar num tipo particular de fotografia.
2. Tire *muitas* fotos. Falando em especialização, há duas formas de se ganhar no jogo do banco de imagens: volume e singularidade. Na maioria das vezes, escolher a especialização em determinado tema ou gênero é muito mais fácil que tentar ser "um fotógrafo que domina tudo".
3. Preste atenção em quais fotografias são mais compradas. Imagens naturais e espontâneas de pessoas tendem a se sair particularmente bem.
4. Preste atenção em quais fotografias estão faltando. Se for capaz de fotografar algo *realmente* único — ursos polares no Ártico, por exemplo — ótimo.
5. Assim que tiver uma estratégia, configure suas contas e comece a fazer o *upload* das fotos. Estabeleça um objetivo diário ou semanal para si mesmo: algo como cinco fotos por dia ou 25 fotos por semana.
6. Com o passar do tempo, aprenda o que funciona e o que não funciona. Fotografar para bancos de imagem pode não ser um caminho para a fortuna, mas algumas pessoas conseguem criar uma fonte de renda significativa e contínua depois de se lançarem nesse negócio.

CRIE UM *SITE* POR ASSINATURA

Você já notou que cada vez mais empresas passaram a cobrar um valor mensal ou anual? Isso por serem espertas — elas querem receber vários pagamentos, não apenas um. Assim como essas empresas, *você* pode receber vários pagamentos se incorporar um serviço de assinatura à sua oferta. O processo técnico de construção de um *site* por assinatura (também conhecido como *site* de membros e *site* por adesão, entre outros termos) é bastante fácil. O trabalho duro consiste em angariar e reter clientes.

MODELO DE NEGÓCIO: Estabeleça uma renda sustentável e previsível por meio de um serviço de assinatura.

POR QUÊ: As pessoas estão habituadas a pagar por serviços mensais, e pagarão por eles por muito tempo *se* você criar algo valioso o suficiente.

CUSTO MÉDIO DE INICIALIZAÇÃO: Variável.

FACILIDADE DE INÍCIO DE OPERAÇÃO: Baixa.

POTENCIAL EM LONGO PRAZO: Alto.

HABILIDADES NECESSÁRIAS: Capacidade técnica básica, relações humanas e o conhecimento de algo específico que faz com que seu *site* de assinatura se destaque.

VANTAGENS: Renda sustentável e estável.

DESVANTAGENS: Possibilidade de se entediar com seu negócio enquanto ele ainda tem membros ativos; alguma resistência a modelos de adesão por parte de clientes que não querem fazer mais de um pagamento.

FLUXO DE TRABALHO:

1. Antes de tudo, seja claro e específico em seu serviço. O que você pode oferecer às pessoas que será útil várias vezes?

2. Selecione uma plataforma para gerenciar as assinaturas. Você precisará certificar-se de (a) fornecer novos conteúdos de forma consistente ou acesso contínuo ao serviço e (b) receber pagamentos em tempo hábil.

3. Crie o material introdutório e o processo de integração de clientes do seu *site* de assinatura.

4. Considere uma assinatura experimental gratuita (ou de baixo custo) para atrair clientes em potencial.
5. Divulgue.
6. Faça tudo que puder para prestar um serviço *incrível* assim que as pessoas se inscreverem. As primeiras impressões são muito importantes: se os clientes ficarem por alguns meses, é provável que permaneçam por tempo indeterminado.

ANEXO 2

VALIDE UMA IDEIA COM 50 REAIS E UMA CONTA NO FACEBOOK[23]

Você tem 50 reais? Alguma vez usou o Facebook? Acredito que há 99% ou mais de chances de que sua resposta a ambas as perguntas seja sim. Se tiver uma grande ideia e quiser um *feedback* do mundo real (e não apenas de seus amigos) antes de avançar, você pode montar um anúncio e observar como as pessoas respondem a ele. Não precisa alugar um *outdoor* — com o Facebook, você pode anunciar em menos de uma hora e por apenas 50 reais.

Veja como.

1. Escreva um post no blog ou crie um pequeno vídeo sobre o problema que a sua nova renda extra vai resolver. Vá fundo: descreva como o problema afeta gravemente a vida das pessoas e mostre como seria a vida se ele fosse resolvido. No final, mencione a solução potencial (sua ideia) e inclua um link para uma página de destino na qual as pessoas possam se inscrever para saber mais.

2. Crie uma página no Facebook para a sua renda extra em potencial. Poste de três a cinco links, imagens ou vídeos relacionados ao problema que você resolve antes de veicular qualquer anún-

---

23. Para compilar este exercício, utilizei anotações de Claire Pelletreau, uma especialista em publicidade no Facebook. A análise leva cerca de uma hora, mas é valiosa para muitos empreendimentos. Obtenha mais informações de Claire, incluindo imagens detalhadas ensinando a configurar anúncios nessa rede social, em SideHustleSchool.com/claire (em inglês).

cio. Assim, quando alguém vir seu anúncio e clicar no nome da página, não vai encontrar uma página do Facebook completamente deserta.

3. Defina seu primeiro "público" para o anúncio. Este é o termo do Facebook para as pessoas que vão ver seu anúncio. Quando passar pela interface, uma série de perguntas serão feitas para delimitar esse público. Para esse exercício, seu público não deve ter mais de 50 mil pessoas.

4. Use interesses ou dados demográficos diferentes para mapear uma segunda audiência. Assim, você poderá mostrar seu anúncio a dois grupos distintos de pessoas e verificar se algum deles responde melhor. Por exemplo, talvez você queira testar homens *versus* mulheres, pessoas casadas *versus* solteiras, pessoas que curtem musicais *versus* aquelas que gostam de hip-hop ou quaisquer outras variáveis.

5. Escreva um texto de peso para seu anúncio. Se estiver em dúvida, redija um *copy* extenso — em geral, um texto pequeno demais num anúncio é vago ou chato. Você pode até utilizar os primeiros parágrafos do seu post no blog como texto.

6. Encontre uma ótima imagem para o anúncio. Isso é importante porque as pessoas serão atraídas por imagens visuais fortes. Você pode encontrar muitas fotografias de banco de imagens grátis *online* (apenas tenha certeza de que elas são, de fato, gratuitas — se não tiver certeza, é provável que não sejam). Um dos bancos que já utilizei é o Unsplash.com.

7. Publique seu post no blog em sua página do Facebook, usando o *copy* do anúncio acima do link. Se a imagem que o Facebook retira do post é diferente daquela que você queria, é fácil mudá-la.

8. "Impulsione" o post, selecionando o público que você reuniu no passo 3. Invista 25 reais para que o post impulsionado fique no ar por 48 horas.

9. "Impulsione" o mesmo post de novo, desta vez com o segundo público que você selecionou. Invista 25 reais mais uma vez e deixe o anúncio no ar por 48 horas.
10. Depois de gastar os 50 reais, dê uma olhada nas métricas. Quantos cliques seu anúncio recebeu? Qual público respondeu melhor? Quantas pessoas clicaram no link para sua página de destino? Quantas pessoas de fato se inscreveram?

Se 10% ou mais daqueles que chegaram ao post do seu blog clicaram no link para sua página de destino, é um bom sinal de que há pessoas interessadas no produto ou serviço que você pretende oferecer.

ANEXO 3

ESCREVA UMA CARTA PARA SEU CLIENTE IDEAL

Quando John Lee Dumas escreveu trezentas palavras sobre Jimmy, seu ouvinte de podcast ideal, obteve uma compreensão clara das pessoas que queria atender. A descrição incluía até os nomes e idades dos filhos imaginários de Jimmy, como ele gostava de se exercitar e o que assistia na TV quando voltava do trabalho.

Talvez você não precise ser *tão* detalhista, mas não pule a parte mais importante: entender a dor que seu cliente ideal (também conhecido como avatar) está vivendo. No caso de Jimmy, essa dor era o seu emprego diário. Todos os dias, ele passava horas preso na sua baia do escritório, não encontrando nenhum significado no trabalho, mas tendo que persistir para sustentar sua família.

Se você está com dificuldades para entender seu avatar nesse nível profundo, escrever uma carta real para ele pode ajudar. Na carta, concentre-se em quem ele é e no que você pode fazer para ajudá-lo.

Imagine que sua atividade paralela é vender ventiladores, daqueles bem grandes e potentes. Em última análise, as pessoas que precisam de seus ventiladores são trabalhadores de armazém que, no entanto, não tomam as decisões de compra. Portanto, você decide que seu avatar é o gerente ou proprietário de uma manufatura pequena, porém em crescimento, mas localizada num clima especialmente quente. A seguir, veja o que você pode dizer a esse gerente:

Olá,

Você tem um negócio em expansão e as vendas estão em alta. Para acompanhar a demanda, você teve que contratar mais pessoas. Seu armazém é grande, por isso é difícil mantê-lo fresco, e o ar-condicionado não é uma opção. Ao longo do dia, você percebe que seus funcionários trabalham duro, mas é inevitável que se cansem e fiquem exaustos com o calor. Isso não o surpreende: está muito calor! Os ventiladores à venda não dão conta.

Sei como é — quando estava na faculdade, trabalhava num armazém. A maioria dos funcionários não aguentava muito tempo no verão, mesmo quando eram bons trabalhadores.

É por isso que, depois de crescer e arranjar outro emprego, passei todo o meu tempo livre projetando os melhores ventiladores de teto do mundo. Esses ventiladores não são baratos, mas depois de instalá-los, você verá uma diferença imediata.

Desde o primeiro dia em que instalar meus ventiladores, seus funcionários ficarão mais felizes e saudáveis. Sua empresa acabará mantendo-os por mais tempo e ganhando mais dinheiro. E o principal, você será capaz de se concentrar na expansão do negócio e não sofrerá mais com esse calor irritante.

Posso ajudar?

Atenciosamente,

O cara do ventilador

Observe alguns elementos-chave da carta:

Sei quem você é. Não sou só uma pessoa aleatória. Dediquei tempo para entender sua situação específica.

Sinto sua dor. Já passei por isso! Já trabalhei nesse ambiente, por isso entendo o desafio.

Tenho a solução. Depois de inúmeras horas de pesquisa, desenvolvi um ventilador muito melhor que aqueles que existem por aí.

A solução vale a pena. Os ventiladores que estou vendendo podem não ser os mais baratos, mas o investimento valerá a pena.

Considere escrever uma carta como essa para o seu cliente ideal. Fale diretamente com ele e mostre que entende suas necessidades. Proponha uma solução e construa um relacionamento com essa pessoa imaginária. Quanto mais você souber quem ele é — e, é claro, como pode ajudá-lo — mais fácil será transformá-lo de cliente imaginário em cliente real.

ANEXO 4

COMPRE UM IMÓVEL PARA ALUGAR COM UMA ENTRADA DE US$ 1.575,00

Na pré-história dos projetos de renda extra, a maior parte do que se dizia sobre "múltiplos fluxos de renda" tinha a ver com imóveis, em especial com a ideia de comprar vários imóveis para alugar. Não escrevi nada sobre isso neste livro, em parte porque esse tópico tem sido bem abordado em outros lugares, mas também porque não entendo muito do assunto.

Por sorte, tenho uma amiga e especialista do setor a quem encaminho quem me pede conselhos. Essa amiga e especialista, Paula Pant, é responsável pelo blog AffordAnything.com, no qual descreve suas aventuras em investimentos imobiliários. Numa série de postagens detalhadas, ela publica todos os meses o relatório completo de receitas e despesas de cada propriedade.

Sou fã e leitor há muito tempo, mas também me perguntei como sua abordagem seria replicável para pessoas comuns, sem grandes economias. Entrar no mercado de investimentos imobiliários não é muito difícil e caro para a maior das pessoas? Além disso, esse setor não é um pouco superestimado e intimidador?

Assim começou uma troca de e-mails entre mim e Paula, na qual pedi que esclarecesse essas dúvidas e explicasse sua abordagem pouco convencional. Esta é uma versão resumida, complementada com as dicas da Paula:

P. Como isso funciona? Minha percepção é de que o investimento imobiliário não é um ótimo negócio inicial ou renda extra.

R. Ser proprietário de imóveis para aluguel é como viajar: a maior parte das pessoas presume que seja caro, mas a verdade é que pode custar muito menos do que se pensa. Se é algo que você quer de verdade, é possível concretizá-lo.

Vamos deixar de lado os lugares-comuns e examinar números reais. Primeiro, vamos começar com o fato de que o imóvel que você irá alugar não precisa ficar no seu quintal. Invista onde terá grandes retornos; vá aonde o dinheiro está. Eu moro a dois mil quilômetros de distância dos meus aluguéis.

Em muitas partes dos Estados Unidos e Canadá, é possível encontrar grandes propriedades para alugar à venda por cerca de US$ 50 mil a US$ 100 mil. Minha última aquisição é uma casa de um andar em tijolos, com quatro quartos e três banheiros em Atlanta, que comprei por US$ 46 mil, como uma venda a descoberto. Há pouco, passei dois minutos procurando na internet e encontrei uma residência para uma família no bairro onde cresci. Está cotada por US$ 45 mil, também como venda a descoberto.

Se você mora numa área com casas de baixo preço nos Estados Unidos, pode solicitar um empréstimo FHA,[24] que requer apenas 3,5% de entrada. Numa casa de US$ 45 mil, a entrada seria apenas US$ 1.575. Eu recomendaria ter outros US$ 2.000 a US$ 3.000 em sua conta bancária para lidar com quaisquer emergências que surjam. Não é tão barato quanto uma *startup* de 100 dólares, mas é muito menos do que as pessoas pensam.

Por fim, não presuma que bancos e cooperativas de crédito sejam a única fonte de empréstimos imobiliários. Muitos financiadores privados oferecem empréstimos com entrada zero. Usamos um credor pri-

---

24. Empréstimo FHA: empréstimo imobiliário com um seguro hipotecário da Federal Housing Administration dos Estados Unidos, fornecido por um credor aprovado pela FHA. (N. da T.)

vado para comprar a Casa 3 e, embora paguemos uma taxa de juros mais alta — de 7% — também obtemos cerca de US$ 3 mil por ano em renda passiva daquela casa, sem colocar a mão no bolso.

P. Então tudo se resume a comprar uma propriedade longe de casa? Se moro na Califórnia, devo mesmo comprar uma casa em Detroit?
R. Isso seria bobagem. Se você mora em São Francisco, por que seu cérebro saltou de imediato para Detroit? Reno fica a cerca de três horas de distância. Você pode dirigir até lá no sábado de manhã, passar a tarde e voltar para casa a tempo de aproveitar os bares no sábado à noite.

O mesmo é válido para qualquer grande cidade. Seattle fica a algumas horas de Port Angeles. Portland fica a algumas horas de Boise. Los Angeles fica a quatro horas de Las Vegas. Manhattan fica a algumas horas da Filadélfia.

Além disso, você não precisará fazer muitas viagens. Uma viagem para ver a casa depois que assinar o contrato. Se tudo correr bem e você não comprar uma propriedade que precise de reforma, essa é a única viagem que precisará fazer. Se comprar um lugar que precise de reforma, terá que voltar algumas vezes para verificar o trabalho dos empreiteiros. E é só. Seu administrador de propriedade e os empreiteiros cuidarão do resto.

P. Ótimo. O que devo fazer a seguir?
R. Aqui estão minhas três principais dicas:

1. Não presuma que você precisa comprar uma propriedade de investimento no seu próprio quintal. Vá aonde o dinheiro está.
2. Compre pensando no fluxo de caixa, em vez de especular sobre o valor potencial futuro da casa. Gosto de dizer que "apreciação é especulação". Você não tem como controlar o mercado. Concentre-se no que pode controlar e escolha uma propriedade que crie um grande fluxo de caixa.

3. Se decidir cuidar de qualquer trabalho por conta própria, como administrador de propriedade ou reforma, faça sua análise pré--oferta como se não fosse o responsável. Assim, você pode desistir dessas responsabilidades, contratar outra pessoa a taxas justas de mercado e seus retornos permanecerão os mesmos.

PÁGINA PARA PESSOAS QUE LEEM AS NOTAS NO FINAL

Às vezes, não enxergo o que está bem na minha frente. Quando apresentei o plano de cinco semanas pela primeira vez à minha editora, o plano era de quatro semanas. "Você não acha que seria bom acrescentar alguns passos voltados para a implementação da ideia?", ela perguntou. Como eu não tinha pensado nisso?! (Obrigado, Talia).

Após alguma discussão, decidimos que "Testar, testar e testar mais uma vez" seria uma melhor frase para o capítulo sobre testes que "A pilhagem não mente".[25] O autor resistiu, apontando os méritos de fazer referência à cultura popular, bem como a vantagem de mandar uma mensagem a qualquer um que se identifique ou apenas aprecie a palavra *booty*, mas foi derrotado.

Nem todos os projetos de renda extra foram mantidos na versão final do manuscrito. Lamentavelmente, a história de alguém que envia grilos vivos para donos de répteis foi removida depois de muita edição. Também foram eliminadas as seguintes histórias: shots de gelatina sem álcool, um kit para evitar que gaivotas façam ninhos nos telhados e um despertador que dá eletrochoques nos mamilos.

Não é exagero dizer que escrevo para os leitores mais irados do universo. Adorei escrever este livro, mas estou ainda mais empolgado para ver o que você fará com as ideias e as instruções. Um brinde ao seu negócio!

Que venha a continuação...

---

25. Em inglês, "The booty doesn't lie". Em inglês, *booty* significa pilhagem e saque, mas a pronúncia é similar a *butt* (bumbum), por isso o duplo sentido. (N. da T.)

RECURSOS E MATERIAIS GRATUITOS

Recebo muitos pedidos de ferramentas e recursos específicos. Já mencionei alguns deles no livro, mas há outros — e, às vezes, as recomendações específicas mudam com o passar do tempo. Para obter a lista mais atualizada, visite SideHustleSchool.com/resources.

Lá você vai descobrir:

- Como construir o primeiro *site* em 90 minutos;
- Onde hospedar esse *site* por menos de 30 reais por mês;
- Um teste gratuito de 30 dias de um serviço de gerenciamento de listas de e-mail para ajudar você a construir um público;
- Um teste grátis de 21 dias do Shopify (ótimo para vender produtos físicos);
- Uma cópia gratuita da versão em inglês do meu audiolivro *Born for this: how to find the work you were meant to do*[26] (disponível com uma assinatura experimental da Audible);
- Um pônei grátis.[27]

---

26. A versão em português do livro físico foi publicada como *Nasci para isso: como encontrar o trabalho da sua vida* (Penguim, 2017). (N. da T.)
27. O pônei pode não estar disponível em todos os mercados. Mas pode haver outras coisas! Quero ter certeza de que você se sinta plenamente apoiado em suas aventuras empreendedoras.